삶은 당신의 문장을 닮아간다

일러두기

- 이 책은 《뭘 써요, 뭘 쓰라고요?》(한솔수북, 2013)를 다듬어 새롭게 쓴 글로 구성했습니다.
- 본문에는 저자가 초등학교 교사로 재직할 때 함께한 아이들의 시가 많이 인용되었습니다.
- **시 가져온 곳**
  〈처음은 다 환했다〉, 〈나의 시〉《키스를 원하지 않는 입술》김용택, 창비, 2013
  〈인생〉, 〈달〉, 〈나를 잊지 말아요〉, 〈속눈썹〉, 〈우화등선〉, 〈매화〉, 〈그리운 꽃 편지〉, 〈그러면〉, 〈짧은 해〉《달이 떴다고 전화를 주시다니요》김용택, 마음산책, 2021
  〈새들의 시〉《모두가 첫날처럼》김용택, 문학동네, 2023

삶은 당신의 문장을 닮아간다

김용택의
하루 한 줄

글쓰기
수업

김용택 지음

글이 늘었다고

처음에, 나는 나도 모르는 글을 썼다

그러다가, 나만 아는 글을 썼다

어느 날, 남도 아는 글을 썼다

사람들이 그 글을 시라고 했다

시를 안 읽는다고 생각했던 아우가

새 시집을 사 보았다며 내게 말했다

형님 시가 겁나게 늘었다고

지금, 당신의 한 문장을 써보세요.

머리글

누구나 처음엔 길이 없었다

글쓰기는, 내가 살아온 세상과 내가 살고 있는 세상을 자세히 들여다보고, 내가 살아갈 세상을 글로 표현하는 일입니다.

글을 쓰는 일은 세상을 자세히 보는 일이기 때문에, 글을 쓰다 보면 자기가 하는 일이 자세히 보이게 되고, 자기가 하는 일이 자세히 보이면, 자기가 하는 일을 잘 알게 될 것입니다.

자기가 하는 일을 잘 알게 되면 자기가 하는 일에 대해 생각하고 고민하는 시간이 많아지겠지요. 그 생각들을 글로 정리하다가 보면 자신이 하는 일이 더 자세히 보이게 돼서 더 잘하게 될 것입니다. 그러니까 글쓰기란 자기가 하는 일을 잘할 수 있도록 자신이 하는 일을 도와주는 일입니다.

이 책은 고등학교를 나와 우연히 초등학교 선생이 되어 책을 읽고 책을 읽다가 보니, 생각이 많아져서 그 생각들을 썼더니, 어느 날 시가 써지고, 시를 쓰다 보니, 다른 글들도 써졌던 나의 '글쓰기 자서전'입니다.

인생에는 길이 없습니다. 누구나 다 길이 없는 산 앞에 서 있습니다. 그 누구도 그 누구의 길을 따라갈 수 없습니다, 저 깊고 험한 산속으로 걸어갈 길은 자기가 스스로 개척해 나갈 수밖에 없습니다. 가시밭길과 절벽, 아득한 낭떠러지, 캄캄한 동굴을 뚫고 나갈 길을 낼 사람은 자기 자신입니다. 그러다가 보면 어떤 날은 희미한 오솔길이 나타나기도 하고 어디만큼 가면 탄탄대로를 걸을 때도 있을 것입니다.

어제와는 다른 새로운 인생의 길에 들어서도록 자기 자신을 도와주는 것이 글쓰기입니다. 하루하루 사는 일을 생각하고 고민하다 보면 괴롭지요. 그 괴로움을 해결하고 새로운 세상으로 나가는 길을 글쓰기가 도와주고 해결해 주기도 합니다.

이 책을 보다 보면 군데군데 '내 노트에서'라는 짧은 글이 있습니다. 그 글들은 내가 하루에 한 가지씩 글을 쓰기 위해 그때그때 생각난 문장을 써 모아둔 글입니다. '자기 노트'도 있습니다. 그 노트에는 자기가 글을 써보는 곳입니다.

이 책은 어린이들을 위한 《뭘 써요, 뭘 쓰라고요?》를 낸 후, 누구나 쉽게 글을 쓸 수 있도록 글쓰기의 '시작을 돕기' 위해 다시 손을 보아 재출간하게 되었습니다. 우리는 이따금 '아니, 저 어린아이가 어떻게 저런 말을 다 하지' 하고 놀랍니다. 세상을 처음 본 것같이 깨끗한 말을 할 때가 있지요. 어린이들은 표현에 두려움이 없습니다. 멈칫거리지 않습니다. 거침이 없습니다. 직접적이죠. 용감하지요.

우리 집에 어린이들이 글쓰기 공부를 하러 옵니다. 어느 날 어떤 학생이 이런 글을 썼습니다.

집에 들어온 아빠

아빠가 늦게 집에 들어오셨다.
아빠는 힘들어 보였다.
아빠가 중얼거렸다.
희미하게 들렸다.
욕이었다.

2025년 7월

김용택

차례

머리글 누구나 처음엔 길이 없었다　　　10

1부 — 준비

준비, 하나 • 마음의 문을 열다　　　22

준비, 둘 • 사람들이 하는 일　　　26

준비, 셋 • 그런데 뭘 써요, 뭘 쓰라고요?　　　36

2부 — 글쓰기

내 나무를 정하다	42
김용택의 글쓰기 노트　내가 사는 마을이 학교였습니다	49
그냥 보는 것이 아니라 관심을 갖고 보다	51
김용택의 글쓰기 노트　말을 쓰면 글이 된다	57
관심을 가질 때 모든 것이 자세히 보인다	59
김용택의 글쓰기 노트　씨앗을 뿌려 곡식을 가꾸어보자	61
자세히 보아야 그것이 무엇인지 알게 된다	65
무엇인지 알아야 이해가 되고 그것이 내 것이 된다	67
김용택의 글쓰기 노트　새 땅을 딛게 해준 책	71
아는 것이 내 것이 될 때, 지식이 인격이 된다	77
김용택의 글쓰기 노트　자연이 말하는 것을 받아쓰다	80
아는 것이 인격이 되어야 비로소 세상과 관계를 맺는다	82

관계를 맺으면 갈등이 일어난다 … 85

갈등은 조화로운 세상을 꿈꾼다 … 90

조화로운 세상을 꿈꾸면 생각이 일어난다 … 95

생각을 논리적으로 정리하면 글이 된다 … 97

김용택의 글쓰기 노트 … 100

생각을 논리적으로 정리하는 철학적인 삶의 태도

새로운 것은 사람들에게 감동을 주어야 한다 … 102

감동을 주는 것들은 살아 있는 것들이다 … 104

김용택의 글쓰기 노트 … 110

언제 보아도 완성되어 있고, 언제 보아도 새로운 것들

살아 있는 것들은 자연에 있다 … 113

김용택의 글쓰기 노트 가르치면서 동시에 배우다 … 117

3부 — 나의 시		
	인생	124
	달	126
	나를 잊지 말아요	128
	속눈썹	130
	우화등선	132
	매화	134
	그리운 꽃 편지	136
	그러면	138
	짧은 해	140
	나의 시	142

정리 창조의 힘은 어디에서 오는가? 146

1부 ─ 준비

준비, 하나

마음의 문을 열다

처음은 다 환했다

매미가 운다.
매미 소리에게 내 마음을 준다.

남보라색 붓꽃이 피었다.
꽃에게 내 마음을 준다.

살구나무에 바람이 분다.
바람에게 내 마음을 준다.

날아가는 나비에게
가만히 서 있는 나무에게 마음을 주면

나비도 나무도 편해지고
내 마음이 편해진다.

흘러가는 저기 저 흰 구름에게
마음을 실어주면
이 세상 처음이었던 내가 보인다.
처음은 다 환했다.

내가 쓴 시입니다. 글을 쓰려면 우선 마음의 문을 활짝 열어두어야 합니다. 선입견은 갈 길을 막습니다. 선입견을 갖지 않고 어떤 일에 임해야 마음의 문이 열리고 다른 사람의 마음을 받아들입니다. 그것이 공감 능력이겠지요.

내 마음을 주어야 다른 사람의 마음도 받을 수 있습니다. 마음을 주어야 마음이 오가고, 마음을 주고받을 때 새로운 길이 열립니다. 마음이 손입니다. 글은 마음이 손으로 나와 써집니다. 세상으로 나아가는 내 마음의 문을 여는 일은 끝이 없습니다. 생각지도 않은 문이 내 앞에 닫혀 있습니다. 생각해 보지 않은 세상으로 가는 그 문을 열 손이 글쓰기입니다.

준비, 둘

사람들이 하는 일

사람들은 하루 종일 네 가지 일을 하며 지냅니다.

보다

그중 하나는 보는 일입니다. 잠에서 깨자마자 우리는 무엇인가를 보게 됩니다. 눈을 감지 않는 한 사람들은 무언가 눈에 들어오기 마련입니다. 보는 것이 세상의 시작입니다. 세상의 모든 시작은, 출발점은, 보는 것으로부터 시작합니다.

벚꽃

양지현

벚꽃이 참 예쁩니다.
벚꽃을 보면
이모 생각이 납니다.

지현이가 벚꽃을 보니, 이모 생각이 났겠지요. 벚꽃을 보았는데 이모 생각이 난 것입니다. 생각이 났습니다. 한발 더 나아갔습니다. 그 생각을 쓰니 글이 되었습니다. 벚꽃이 활짝 핀 화창한 봄 풍경이 눈앞에 그려지는 글이 되었습니다.

• 내 노트에서 •

해가 지나간 저녁 하늘가에

별과 달이 어제보다 가까이 다가가 빛난다.

하늘에서 빛나는 것들은 다 외자다.

별. 달. 해.

외우기 쉽다.

강. 산. 땅. 싹. 순. 꽃. 눈. 코. 입. 밥도 외자다.

• 자기 노트 •

지금 당신의 눈에 가장 먼저 들어온 것은 무엇인가요? 창밖의 풍경일 수 있고, 책상 위에 놓인 작은 물건일 수도 있습니다. 그 장면을 천천히 떠올리며, 눈앞의 순간을 한 문장으로 담아보세요.

_____

_____

듣다

두 번째는 듣는 것입니다. 우리의 귀는 늘 열려 있어서 온종일 무슨 소리를 듣습니다. 듣기 싫어도 듣게 됩니다. 창밖에서 들려오는 새소리, 바람 소리, 자동차 소리, 동료들이 떠드는 소리, 누군가가 나를 부르는 소리…….

그런데 우리는 모든 소리를 귀담아듣지는 않습니다. 세상의 많은 소리 가운데 내 귀로 찾아와 내 마음을 움직이게 하는 소리가 있을 때, 우리는 그 소리를 들었다고 말합니다. 내 마음의 문을 열고 들어와, 내 마음을 움직인 그 소리가 바로 '나의 소리'입니다.

바스락

정현아

집에 가는 길에

바스락 소리

뭘까?

현아가 집에 가는 길에 어떤 소리를 들었습니다. 그리고 '뭘까?' 하고 생각했습니다. 듣는다는 것은 이처럼 자기 마음에 들어온 소리입니다.

2학년 현아는 서울에서 살다가 조용한 시골로 이사 왔습니다. 현아네 집은 마을버스가 다니는 도로에서 산길 같은 마을 길을 따라 한참을 올라가야 합니다. 어느 날 현아가 버스에서 내려 집으로 가는데 어디선가 바스락거리는 소리가 들렸을 것입니다. 그때 그 '바스락' 소리가 현아 마음의 문을 열고 들어왔습니다. 다람쥐가 나무를 오르는 소리였는지, 아니면 개구리가 마른 풀밭을 뛰는 소리였는지, 작은 돌멩이가 구르는 소리였는지 모릅니다.

중요한 건 그 소리를 듣고 현아가 마음의 문을 열고 '뭘까?' 하고 마음이 움직여 어떤 생각을 한 것입니다. '뭘까?' 할 때 우리는 우리 마음의 어딘가가 문득 환해지는 느낌이 들지요. 현아가 드디어 자연의 소리에 마음의 문을 연 것이지요. 그 뒤로 현아는 마을에서 들리는 여러 가지 소리를 듣고 글을 쓰기 시작했습니다. 소가 우는 소리, 개구리가 우는 소리, 꿩이 우는 소리, 비가 오는 소리, 바람이 부는 소리들을 자기 소리로 마음에 담게 되었지요.

• 내 노트에서 •

비가 몰려올 것 같아 부랴부랴 빨래를 걷었다.

비가 후두두두 금방 내 뒤를 쫓아왔다.

• 자기 노트 •

지금 이 순간, 귀를 기울여보세요. 어떤 소리가 들리나요? 누군가의 말소리, 새소리, 혹은 냉장고 진동처럼 평범한 소리도 괜찮습니다. 들려오는 모든 것을 있는 그대로 한 문장 적어보세요.

생각하다

또 하나는 생각하는 것입니다. 보고 들으니까 자연히 생각이 일어나겠지요. 사람들은 하루 종일 생각을 하며 삽니다. 하기 싫은 생각도 하게 됩니다. 사람들이 이렇게 물을 때가 있습니다. "지금 무슨 생각을 하고 있어?" 이 질문을 들었다고 상상해 보세요. 그리고 대답을 생각해 보세요.

거미줄

김재영

거미줄에
이슬이
동글동글
바람에 흔들린다.
가만히
들어 보면
음악이 들릴까?

재영이가 학교와 집을 오가는 길은 강길입니다. 학교로 향하는 길에 강을 건너면 논두렁길이 있습니다. 논두렁길에는 키 큰 풀이 많은데, 거미들이 풀잎과 풀잎 사이를 이어 집을 짓습니다. 재영이가 그 거미줄에 방울방울 맺힌 이슬들을 보았겠지요.

그런데 놀랍게도 그때, 그러니까 재영이가 거미줄을 본 그 순간 바람이 불었겠지요. 거미줄이 흔들렸을 것입니다. 오! 그때 거미줄에 맺혀 있던 이슬방울들이 몇 개 떨어졌겠지요. 또 어떤 이슬방울들은 거미줄을 타고 또르르 구르기도 했을 것입니다. 그 순간 재영이는 거미줄을 악보로 보지 않았을까요. 거미줄 위에서 또르르 구르는 이슬방울들이 음표처럼 보였겠지요. 그러니까 바람 속에서 흔들리는 거미줄 앞에 서서 '음악이 들릴까?' 하고 귀를 기울여 본 거예요. 이건 어디까지나 내 생각입니다.

• 내 노트에서 •

새벽부터 비바람이 거세게 몰아쳤다.

나무들이 몹시 흔들렸다.

오후 2시쯤 갑자기 바람이 잦아드는 듯했다.

바람이 잦아드는 순간 새 한 마리가 뒷산

당산나무로 날아가 앉았다.

바로 이어서 매미들이 울기 시작하였다.

바람이 뚝 그친 아름다운 순간이었다.

증거가 아름답다.

• 자기 노트 •

지금 머릿속을 가장 많이 차지하고 있는 생각은 무엇인가요? 크고 작은 걱정, 설레는 기대, 막연한 두려움일 수도 있겠지요. 지금 내 생각을 솔직하게 꺼내어 한 문장으로 그려봅시다.

표현하다

그런데 뭘요? 어떻게요?

글쓰기에는 왕도가 없다고 합니다. 글쓰기에는 반드시 거쳐야 하는 길도 반드시 따라야 하는 길도 없습니다. 많은 사람들이 오랜 세월 동안 그렇게 말해왔으니, 맞는 말일 것입니다. 글을 쓰려면 많이 읽고 많이 써야 한다고 합니다. 글쓰는 사람들이 하나같이 하는 말이니, 그 말도 맞는 말일 것입니다. 그렇습니다. 글을 쓰는 일에 대한 많은 말들이 다 맞기도 하고 틀리기도 할 것입니다. 여러분들은 지금 내가 낸 글쓰기 길에 들어섰습니다. 내가 낸 이 길을 나와 같이 가다가 "에라, 당신은 틀렸다." "나와는 상관없군. 내 생각과는 다르다."고 다른 길로 가도 상관없습니다. 어디만큼 가다가 나와 헤어져 스스로 길을 내며 가십시오. 그러다가 어딘가에서 우리 다시 만날 기쁜 날도 있을 것입니다.

그런데 도대체 뭘 써요? 뭘 어떻게 쓰라고요?

준비, 셋

그런데 뭘 써요, 뭘 쓰라고요?

뭘 써요, 뭘 쓰라고요?   문성민

시 써라.
뭘 써요?
시 쓰라고.
뭘 써요?
시 써서 내라고!
네.
제목을 뭘 써요?
니 맘대로 해야지.
뭘 쓰라고요?
니 맘대로 쓰라고.
뭘 쓰라고요?

한 번만 더하면 죽는다.

봄이면 우리 학교 운동장에는 벚꽃이 만발했습니다. 꽃잎이 질 때 바람이 불면 꽃 이파리들이 나비처럼 날아다닙니다. 꽃잎들이 운동장에 작은 바퀴가 되어 하얗게 굴러다니기도 하고, 학교 지붕을 넘어 날아오기도 했습니다.

그런 날, 우리 반 어린이들에게 벚꽃을 보고 글을 써보라고 했습니다. 벚나무 밑에서 놀다가 교실로 들어와 벚꽃을 떠올리며 글을 쓰라고 했지요. 성민이는 우리 동네에 사는 우리 반 2학년이었습니다. 그런데 성민이는 한 줄도 쓰지 않고 놀기만 했습니다.

내가 성민이에게
"성민아, 글 써라."
그랬더니 성민이가 나를 빤히 바라보며
"뭘 써요?"
물었습니다.
내가 다시
"시 쓰라고."

그랬더니 성민이가 다시

"뭘 써요?"

그러는 거예요.

내가 성질이 나서

"아, 시 써서 내라고!"

그랬더니 성민이가 그때는

"네."

하더라고요.

그런데 한참 있다가 성민이가 나를 빤히 바라보며 또 물었어요.

"그런데 제목은 뭘 써요?"

내가 다시

"네 맘대로 써야지."

그랬더니 성민이가 글을 쓰기 시작했습니다. 성민이가 <뭘 써요, 뭘 쓰라고요?> 이런 제목으로 글을 써 왔어요. 어때요?

내가 겪은 어느 한순간을 붙잡아 자세히 글로 옮겨 보는 것! 바로 글쓰기의 시작입니다.

벗나무

윤예은

벗나무는 아름다운
꽃이 핍니다.
나는 아름다운 벗꽃을 보면
마음이 조용해집니다.
나는 그게 아주 좋습니다.

예은이도 벗나무를 자세히 보고 글을 썼어요. 예은이는 꽃이 피어있는 벗나무를 보며 조용해지는 자신의 마음도 보았습니다. 예은이가 벗나무를 보고 조용해지는 그 마음이 좋다고 하면서 "나는 그게 아주 좋습니다."라고 말하니까 글을 읽는 우리도 명랑해졌습니다.

예은이 시가 우리들 마음을 활짝 열어주었습니다.

• **내 노트에서** •

아침에 마을을 돌았다.

늘 보던 딱새들을 보았다.

사진 찍었다.

태풍이 지나간 전깃줄에 딱새가 앉아 있다.

비둘기도 앉아 있다.

자연이 안심의 제 자리로 돌아왔다.

푸른 하늘도 구름 사이로 보였다.

나의 아침은 평화가 있다.

평화는 마음을 구김 없이 펼치는 것이다.

모든 것들이 원상태로 돌아오는 것이다.

모든 것들이 제 자리에서 가만가만 자기 일을 하는 것이다.

방해하거나 서로 방해받지 않는다.

말하자면 자유다.

조화다.

· 자기 노트 ·

오늘 하루를 천천히 되짚어보세요. 마음에 남은 장면이나 말, 그리고 그때 느꼈던 감정까지 하나의 이야기로 엮어 써보세요. 단 한 문장이라도 좋습니다.

2부 — 글쓰기

내 나무를 정하다

새 학기가 시작되면 우리 반 어린이들에게 숙제를 냅니다. 자기가 사는 곳에서 하루 중에 가장 많이 볼 수 있는 자기 나무를 정하게 합니다. 어린이들이 자기 나무를 정하고 나면 어린이들에게 말합니다.
"자, 오늘부터 집에서 놀다가 자기 나무를 한 번씩 바라봅니다."
그리고 며칠이 지나면 나는 묻습니다.
"경수야, 네 나무 보았어?"
"……."
경수가 대답이 없습니다. 나무를 안 본 거지요. 이튿날 또 묻습니다.
"경수야, 네 나무 보았어?"
"아니요."
다음 날 또 묻습니다.

"경수야, 나무……."

경수가 자신 있게 말합니다.

"네, 보았어요!"

"그래, 그럼 네 나무가 어떻게 하고 있대?"

"……."

나무를 보기는 했지만 그 나무에서 어떤 일이 일어났는지 자세히 보지 않았기 때문에 경수는 할 말이 없습니다. 나는 며칠 있다가 또 묻습니다.

"경수야, 네 나무 보았어?"

경수가 또 자신 있게 말합니다.

"네, 보았어요!"

"그래, 그럼 나무가 어떻게 하고 있대?"

"제 나무는요. 마을 앞에 있는 커다란 느티나무인데요. 느티나무에 바람이 불고 있었어요. 그때 나무에 새가 날아와 앉았어요."

"그래, 그럼 네가 말한 것을 그대로 써봐."

"마을 앞에 느티나무가 서 있다.

나무에 바람이 불고

나무에 새가 날아와 앉았다."

경수는 자신이 한 말을 금방 썼습니다. 그러고는 며칠 있다가 경수에게 또 묻습니다.

"경수야, 오늘도 네 나무 봤어?"
"네, 오늘 아침에 학교에 오면서 보니까요. 느티나무 밑에서 동네 할아버지들이 놀고 있었어요. 그리고요, 그 앞에는 시냇물이 흐르고 있었어요. 시냇물 건너에는 들판이 있고요. 들판에서는 사람들이 모내기를 하고 있었어요."
"그래, 그럼 지금 네가 말한 것을 그대로 또 써봐."

느티나무
김경수

내 나무는 마을 앞에 있는
커다란 느티나무다.
아침에 학교에 오면서 보니까
느티나무 밑에
할아버지들이 놀고 있었다.
할아버지들이 노는 그 앞에는
시냇물이 흐르고
시냇물 건너에는 들판이 있는데
들판에서는 사람들이
모내기를 하고 있었다.

한 편의 글이 되었네요. 나무를 중심으로 새로운 세상이 그려졌네요. 놀랍지요? 경수에게 나무 한 그루를 보라고 했더니, 느티나무도 보고, 할아버지들도 보고, 시냇물도 보고, 들판도 보고, 들판에서 일하는 사람들도 본 것이지요. 늘 보던 것들이지만 경수는 오늘 관심을 가지고 다시, 자세히, 새로 본 것이지요.

이렇게 하나를 보게 되면 다른 것들도 보이겠지요. 하나를 알면 열을 알게 되는 것! 이게 바로 글쓰기의 시작입니다. 우리는 그것을 인문적인 상상력이라고 합니다. 경수가 나무 한 그루를 자세히 보다 보니, 그 주위에 있는 것들을 보였고, 새로 보인 그것들을 모아서 새로운 세상을 그려 우리에게 보여주었습니다. 새로운 세상을 보여주는 일이 곧 글쓰기입니다.

산영이도 느티나무를 보았습니다. 자기 동네에 있는 느티나무를 보고 이런 시를 썼습니다.

우리 마을 큰 나무 박산영

우리 마을 큰 나무는

다 알고 있다.

우리 엄마 아빠
어릴 적!

말은 못해도
나무는
우리 마을 역사를
많이 알고 있다.

나무는
나무는
다 보고
다 알고 있다.

오래된 마을 뒷동산이나 마을 앞에는 커다란 느티나무가 서 있습니다. 5백 년이 넘게 사는 느티나무도 있습니다. 마을에 있는 오래된 나무는 마을 사람들이 아주 귀하게 여깁니다. 사람들은 큰 나무가 마을을 지켜준다고 생각하며 삽니다. 여름이면 느티나무 그늘로 사람들이 모여듭니다. 땀 흘려 일하다 온 사람들도 나무 그늘에서 쉽니다.

느티나무는 오래 살기 때문에 마을에서 일어나는 일을 다 알고 있을 것입니다. 어제 누가 누구와 싸웠는지, 누가 누구를 좋아하는지, 누가 언제 이사를 갔는지, 어느 집 농사가 잘되었는지, 누가 말을 안 듣고 누구 집 아이가 밥을 잘 먹는지 다 알고 있을 것입니다. 아버지의 아버지, 그 아버지의 아버지들이 살아오면서 일어났던 일들을 다 보았을 것입니다. 오래된 마을의 느티나무는 그래서 마을의 역사책입니다.

• 내 노트에서 •

새잎이 피는 감나무 제일 높은 가지 끝에서

새가 오래 울고 있었어요.

한곳에서 오래 머물러 오래 울고 있으면

누가 듣다 보고 오나 봐요.

• 자기 노트 •

창밖이나 동네 길목에서 나무 한 그루를 바라보세요. 그 나무는 어떤 모습인가요? 계절의 색을 닮았나요? 나무를 통해 떠오르는 생각이나 기억을 한 줄로 표현해 보세요.

> 김용택의 글쓰기 노트
>
> 내가 사는 마을이 학교였습니다

。

농사짓고 사는 마을 사람들은 같이 일합니다. 같이 일하다 보니 같이 먹고, 같이 먹다 보니 같이 놀았습니다. 마을 사람들은 도둑질을 하지 않았습니다. 도둑질을 하면 추방당하거나 스스로 마을을 떠나야 했습니다. 마을 사람들은 또 거짓말을 하지 않았습니다. 한마을에 태어나 함께 자라고, 그 마을에서 죽을 때까지 살아야 하기 때문에, 한 번 거짓말을 하면 평생 신용을 잃고 살아야 했습니다. 마을 사람들은 막말을 하지 않았습니다. 살다가 보면 무덤까지 가지고 가야 할 말이 생기게 마련입니다. 그 말을 하면 가정이나 마을이 깨질 수 있기 때문이었습니다.

농사짓고 사는 사람들은 삶이 공부였습니다. 책을 읽지 못하는 사람들은 자연과 삶 속에서 사는 이치를 배웠습니다. 살다 보니 고치고 바꾸고 새롭게 일을 시작하고 인간관계를 개선해야 했겠지요. 배우면 써먹었습니다. 농사일을 하다 보면 착오가 생깁니다. 그 착오들을 새롭게 바꾸어 자연과 맞추었지요. 자연이 하는 말을 받아 땅에 적으며 살았습니다. 봄에 꾀꼬리가 울면 마을 사람들은 꾀꼬리 울음소리 듣고 참깨가 나고 보리타작 하는 도리깨소리 듣고 토란이 난다고 했습니다. 꾀꼬리가 울면 참깨를 심을 때라는 것을 알았던 것이지요. 농사짓고 사는 사람들은 평생 공부했습니다. 농사짓는 사람들은 예술 활동을 따로 하지 않았습니다. 자기가 하는 농사일이 예술이 되었습니다.

평생 농사를 짓고 사는 사람들은 늘 사람이 그러면 못 쓴다고 했습니다. 마을에서 벌어지는 일이 남의 일 같지 않다고 했습니다. 싸워야 큰다고 했습니다. 정정당당하게 싸우면 잘잘못이 드러나 자기를 새로운 사람으로 만들 수 기회가 주어집니다. 마음을 곱게 써야 한다고 했습니다. 사람이 그러면 안 되는 일이 세상에는 얼마나 많습니까.

나는 농사짓고 사는 농부들에게 많은 것을 배웠습니다. 이 작은 마을의 나무와 바람과 풀잎이, 곡식들이, 책이었고 마을은 나의 서재였습니다. 마을이 나의 학교였습니다. 그들이 하는 말을 받아 글을 쓰며 나는 살았습니다.

그냥 보는 것이 아니라
관심을 갖고 보다

세상에는 수많은 일들이 벌어지고 있습니다. 시시각각 세계 곳곳에서 일어나는 일들을 우리가 다 알 수는 없습니다. 나와 만나 내가 관심을 가지고 본 것, 그것이 나에게 일어난 나의 일입니다. 어떤 것에 대해 관심을 가질 때 그것이 내게로 와서 그 무엇이 됩니다.

참새 집을 보았다   문성민

학교가 끝나고
참새 집을 보았다.
참새 집을 보았을 땐
나뭇잎이 떨어졌다.
나뭇잎이 떨어졌을 땐

바람이 불어
오른쪽으로 날아갔다.
재미있었다.

성민이가 집에 가는 길에 나무를 바라보았습니다. 나무 위에는 새집이 있던 것이지요. 새집을 보고 있는데, 그때 나뭇잎이 떨어진 거예요. 그런데 또 그때 바람이 불었지요. 어느 쪽으로 불었느냐면 오른쪽으로 불었어요. 그 바람을 따라 나뭇잎이 오른쪽으로 날아갔어요. 나뭇잎이 팔랑팔랑 날아가는 모습을 한번 상상해 보세요. 재미있지요.

이 글에서 성민이가 말한 참새 집은 사실 참새 집이 아닙니다. 참새는 나무 위에다가 집을 짓지 않으니까요. 참새는 기와집 기와 틈이나 초가집 처마 속에 집을 짓고 삽니다. 성민이가 나무와 친구가 된 다음 언젠가 기와집에 관심을 갖게 된다면, 그래서 기와집 기와 틈에 집을 짓고 사는 참새를 본다면, 이 시의 낱말 몇 개가 바뀌겠지요.

비

임현수

비가 가만가만 온다.
나는 오늘 빗소리를 들었다.

읽어 보면 그다지 잘 쓴 것 같지도 않고 별 재미도 없는 것 같은 글입니다. 그런데 천천히 이 시를 읽다 보면, 현수가 비 오는 것에 대해 얼마나 많은 관심을 기울였는지 알 수 있습니다. 비가 오기는 오는데, '가만가만' 온다니. 대단한 관심의 결과입니다. 사람들은 대부분 비가 가만가만 와도, 부슬부슬 와도, 주룩주룩 와도 '오는가 보다' 하거든요. 관심을 가지면 이렇게 어떤 소리도 들리고, 어떤 모습도 자세히 보입니다.

달팽이는 지가 집이다

서창우

달팽이가 엉금엉금 기어가네.
호숫가에도 달팽이가 기어가네.
달팽이는 지가 집이다.

예쁜 시지요. 창우가 2학년 때 쓴 글입니다. '달팽이는 지가 집이다'라는 말은 아무나 할 수 있는 말입니다. 그런데 아무나 쓰지 못하지요. 길가에 피어 있는 풀꽃 한 송이, 바람에 흔들리는 나뭇가지 하나, 풀잎 끝에 매달린 이슬방울, 와글와글 울다가 뚝 끊기는 매미 소리, 강물을 지나가는 바람결, 먼 들 끝에 펼쳐진 산자락, 그 아래 작은 마을 그리고 혼자 집으로 가는 아이, 둥실 솟아오르는 달과 아침까지 반짝이는 작은 별, 이 모두 우리 곁에 없어서는 안 될 것들입니다.

지금 바로 저기 서 있는 나뭇가지를 지나는 바람을 보세요. 옆에 앉아 사무를 보는 동료를 바라보세요. 저쪽에 앉아 볼펜을 손가락으로 돌리며 골똘한 표정을 하고 있는 팀장을 바라보세요. 내 앞에 앉아 있는 사랑하는 사람을 가만히, 자세히 바라보세요. 그이가 지금 무엇을 하나요?

관심은 마음을 끌어당깁니다.

• 내 노트에서 •

내가 자는 방에는 겨울 귀뚜라미가 한 마리 살아요

처음에는 아주 어린 아이였는데, 벌써 많이 컸어요

계단 밑에 있거나, 방구석 모서리에 있다가

내가 보면 빨리빨리 어디로 기어가요

귀여워요

가만히 손으로 건들면 몸을 잔뜩 움츠리고

긴 더듬이만 이리저리 움직여요

나를 알고 있는 것 같아요

자려고 누우면 내가 보이는 계단 밑모서리에

까맣게 붙어 있어요

어떤 날은 밤에는 어디를 가는지 방바닥 기어가는

사사사사 소리가 들릴 때도 있어요

추우면 내 이불 속으로 들어와 자겠지요

내 손바닥만 한 침대를 만들어 주고

작은 이불도 덮어주고 싶어요

그 생각을 하면 나는 웃음이 나오고 즐거워져요

이따금 바람이 창문을 흔들고 달이 지나가는

내가 자는 방은 뒤에 산이 있고

따뜻해요

• 자기 노트 •

요즘 당신이 가장 많이 생각하는 것은 무엇인가요? 자꾸 떠오르는 얼굴이 있나요? 문득 마음이 머무는 곳을 따라가 보며, 지금 내 관심이 향하는 대로 써봅시다.

_____

_____

。

관심을 갖는 것을 다른 말로 하면 사랑이 싹튼다는 말입니다. 흙을 밀어내고 세상으로 나온 새싹은 마음이 설레겠지요. 좋아하는 사람을 보면 마음이 설레지요.

이렇게 관심이 생기고 사랑이 싹트는 순간, 우리는 '처음'이라는 말을 씁니다. 이런 기분 처음이야. 이렇게 말하잖아요. 관심을 가지고 보면 세상의 모든 것이 다 처음처럼 보이거든요. 내가 태어나기 전부터 지구가 생긴 이래 그 자리에 있었던 모든 것들이 지금, 이 순간 처음처럼 보입니다.

생각해 보세요. 수많은 것들 가운데 어떤 것이 내 마음으로 찾아온다는 것은 얼마나 기쁜 일입니까. 내 마음에 바람이 일고, 비가 내리고, 달이 뜨고, 강물이 출렁이고……. 관심이야말로 내가 새로 태어나는 놀라운 순간입니다. 내가 세상에 새로 태어나는 그 순간, 네가 처음이라고 말을 하고 싶어집니다. 그래요, 말. 그 첫말을 쓰면 글이 됩니다. 관심을 가질 때 그가 자세히 보입니다. 우리가 사는 세상에는 말로 글로 다 옮길 수 없는 일들이 많습니다. 아무리 바람과 가까워진다고 해도 우리가 어떻게 바람이 하는 일을 다 알 수 있겠습니까. 아무리 햇살과 친구가 된다고 해도 우리가 어떻게 햇살이 하는 일을 다 알 수 있겠습니까. 세상에 대한 관심과 글쓰기는 끝이 없습니다.

관심을 가지면 보이기 시작합니다. 관심이 없으면 저기 피어 있는 꽃 이름이 무엇인지, 어떤 빛깔인지 금방 보고도 금세 잊어버립니다. 언제 피는지, 언제 지는지 모릅니다. 그 꽃이 얼마나 당신을 들뜨게 하고 행복하게 하는지 모릅니다. 세상이 달라 보이면 그것이 사랑입니다. 아니면 이별이거나.

관심을 가질 때
모든 것이 자세히 보인다

오동꽃
정현아

오동꽃은 보라색이네.
이 마을 저 마을 없는 데가 없네.
나는 오동꽃을 처음으로
알았네.

현아가 오동꽃은 오월에 피고, 보랏빛이고, 꽃이 어른들 엄지손가락 첫째 마디만 하고, 그리고 가지 끝에 포도송이처럼 대롱대롱 매달려 있다는 것을 알게 되었을 것입니다.

현아가 서울에서 전학 와 얼마 지나지 않았을 때, 우리 학교 뒷산에 피어 있는 오동꽃을 보고 나에게 무슨 꽃이냐고 물었습니다. 내가 오동꽃이라고 말해주었지요. 그랬더니 자세히 보고 생김새와 이름을 기억하려고 애썼어요. 그렇게 해서 현아는 오동꽃을 처음 알게 되었지요.

봄꽃은 꽃이 먼저 피고 잎이 나중에 피는 꽃들입니다. 꽃망울이 지난해 가을에 맺혀 겨울 추위를 이기고 이른 봄에 꽃이 핍니다. 그래서 모든 봄꽃은 다 화사합니다. 산수유, 매화, 살구나무, 개나리, 진달래, 봉숭아, 벚꽃들이 다 봄꽃입니다. 봄꽃 중에 오동꽃이 마지막으로 피고 지면, 우리나라 산천은 연두색에서 초록으로 건너가기 시작합니다. 오동나무는 꽃이 피면서 잎이 돋아납니다. 그때 노란 꾀꼬리가 진초록 산을 가르며 솟아올라 울며 앞산에서 뒷산으로 날아갑니다.

꾀꼬리를 본 적이 있나요? 아니라면 지금 바로 검색해 보세요.

씨앗을 뿌려 곡식을 가꾸어보자

о

농사짓는 사람들이 씨앗을 심을 때 한 구덩이에 서너 개를 넣었습니다. 한 개는 새가 와서 먹고 한 개는 땅에 사는 벌레가 먹고 남은 씨앗 하나를 키워 사람들이 먹고살지요. 사람이 먹고살려고 씨앗을 심고 곡식을 가꾸는 것인데 새와 벌레하고 나누어 먹게 된 셈입니다.

누구든 집에서 곡식을 가꿀 수 있습니다. 옥수수도 좋고, 강낭콩도 좋고, 보리나 밀도 좋고, 고추나 가지, 토마토도 좋습니다. 곡식을 처음 키우는 사람이라면 옥수수를 권합니다. 옥수수는 다른 식물에 비해 빨리 자라고 싹이 크게 돋아나기 때문에 관찰하기 좋거든요. 잘 키우면 나중에 옥수수를 따 먹을 수도 있으니 더 좋습니다. 키가 크고 잎이 무성해 보여서 집안의 정원수 노릇도 합니다. 정성을 다해 키운 옥수수를 따서 삶아 먹는 기분은 그것을 애써 키워본 사람만이 알 수 있습니다. 단 햇볕이 잘 드는 베란다여야 합니다.

시장에 가서 화분과 흙 그리고 자기가 가꾸고 싶은 곡식이나 채소 씨앗을 삽니다. 씨앗은 대여섯 개면 충분

합니다. 씨앗이 몇 개 안 되기 때문에 씨앗 장수가 거저 가져가라면서 돈을 안 받으려고 할 수 있습니다. 그런데 그냥 얻어 오면 안 됩니다. 반드시 몇백 원이라도 주어야 합니다. 씨앗은 생명이기에 공짜로 얻으면 안 됩니다. 돈을 안 받고 그냥 가져가라고 우기면, 그이 눈에 잘 띄는 곳에 살짝 돈을 두고 옵니다. 그러면 씨앗 담긴 봉지를 흔들며 돌아오는 걸음이 가벼울 것입니다.

자, 씨앗을 가져왔으면 화분에 흙을 담고 작은 구덩이를 팝니다. 씨앗을 그 구덩이에 넣고 흙으로 다시 덮어 줍니다. 흙덮기는 씨앗 크기의 세 배 정도면 좋은데, 너무 얇게 덮으면 씨앗이 말라 죽고, 너무 두껍게 덮으면 싹이 땅을 뚫고 나오지 못해 썩어버립니다. 씨앗을 심은 뒤 물을 바로 주지 마세요.

씨앗에 습기는 꼭 필요하지만 너무 지나치면 썩어버리거든요. 땅은 햇빛과 바람과 물이 섞여 어우러져 있습니다. 자연 속에서 씨앗들은 스스로 잘 자랄 힘이 있습니다. 하지만 집 안 화분 속 씨앗들은 햇볕과 바람과 수

분을 생각하면서 잘 돌봐주어야 합니다.

씨앗을 다 심어놓고 싹이 어떻게 돋아나고 어떻게 자라는지 관찰해 봅니다. 그러고 그때그때 그것들에서 어떤 변화가 일어나는지, 그 변하는 모습에 대해 글을 쓰거나 그림을 그려보세요. 이것은 관찰 일기가 아니니까 마음대로 쓰면 됩니다.

글을 쓰지 않아도, 그림을 그리지 않아도 상관없습니다. 그래도 옥수수는 자랄 것입니다.

희진이는 열무 씨앗을 심어 가꾸어 어떤 세계를 만났을까요?

새싹　　　　　　　　　　　　　　조희진

열무 새싹은 하트 같네.
조그마한 하트 같네.

열무 새싹은 벌레가
다 갉아 먹네.
벌레가 아삭아삭 갉아 먹네.

자세히 보아야
그것이 무엇인지 알게 된다

살구나무

한성현

마른 살구나무 가지에
봄바람이 불었다.
죽은 것 같던 가지에
꽃이 피기 시작했다.
이제는 잎도 피겠지.
잎이 피면
살구도 열린다.

성현이는 운동장가에 있는 살구나무를 오래 보아왔어요. 꽃이 피는 일, 잎이 돋는 일, 살구 열매가 열리는 일을 다 보았을 것입니다. 살구나무에 부는 봄바람이 무슨 일을 하는지 보았을 것이고, 죽은 것 같던 살구나무 잎사귀가 빗방울을 어떻게 맞이하는지도 보았을 것입니다.

그렇게 자세히 보면서 성현이는 살구나무를 알게 되었을 것입니다. 성현이는 오래오래 그 나무를 기억할 것입니다. 나무가 성현이 마음속에 자리를 잡았으니까요. 성현이가 살구나무를 떠올릴 때마다 성현이 마음속에 자리 잡은 살구나무에 봄바람이 불고 살구꽃이 피겠지요. 성현이가 아는 나무 한 그루가 이 세상 어딘가에 지금 서 있습니다.

자세히 보아야 그것이 무엇인지 알게 됩니다.

무엇인지 알아야 이해가 되고
그것이 내 것이 된다

이해란, 그것이 무엇인지 아는 것이 몸과 마음에 배어들어 필요할 때 저절로 우러나오는 것입니다. 어른들이 이렇게 말합니다. "그것이 그래야, 네 피와 살이 된다." 마치 좋은 음식이 피로 가고 살로 가고 뼈로 가서 우리를 살게 해주듯이, 무언가를 제대로 이해해 온전히 다 내 것으로 만들었을 때 우리는 비로소 그것을 써먹을 수 있게 됩니다. 내 것처럼 써먹는다는 것은 무슨 뜻일까요? 우리 어머니는 늘 이런 말씀을 하셨습니다.

"미움도 예쁨도 다 나에게서 나온다."

"남의 일 같지 않다."

"멍청할수록 꾀가 많아야 한다."

"자빠진 김에 쉬어 간다."

"아무리 좋은 노래도 한두 번이다."

"많이 묵어야 좋간디. 나눠 묵어야 좋지."

"인사 잘해라."

"바쁠수록 돌아간다."

"똥 싼 주제에 매화 타령하네."

어른들은 이 말들이 어떤 뜻인지 이해하니까 자기 말처럼 쓰게 되는 것입니다. 우리가 사는 세상에는 우리가 이해할 수 없는 일들이 너무 많습니다. 모르는 것투성이지요. 우리가 하는 공부는 이 세상 모든 것들이 하는 일을 조금씩 알고 이해해서 내 것으로 만들어가는 일일 것입니다. 우리가 하는 글쓰기도 세상이 어떤 곳인지 이해하기 위한 것이겠지요.

우리 엄마가 달라졌어요

이강산

우리 엄마가 달라졌어요.
지난번은 깁스를 했어요.
이제는 통깁스를 했어요.

우리 엄마가 달라졌어요.
지난번은 목발을 두 개 짚고 걸었어요.
이제는 목발을 한 개 짚고 걸어요.

강산이는 영화배우 송강호 씨를 닮았습니다. 아, 강호동 씨를 더 닮았어요. 특히 뒤통수는 쏙 빼닮았지요. 강산이네는 고속도로를 내는 일터에서 인부들에게 밥을 해주며 살았습니다. 그런데 어머니가 발을 다쳤습니다. 정말 큰일이지요. 시장도 가고 밥도 지어야 하는데. 강산이는 그런 엄마가 아주 걱정입니다. 빨리 나았으면 했지요. 그런데 가만히 보니 엄마가 하루하루 조금씩 달라지는 거예요. 깁스를 하다가 목발 두 개를 짚고, 그다음에는 목발 한 개를 짚고⋯⋯. 그러다가 목발 없이 걸었겠지요. 어느 날엔가는 시장에도 다시 갈 수 있게 되고, 옛날처럼 밥도 짓기 시작했겠지요.

엄마가 다치자, 강산이는 엄마를 더 자세히 볼 수 있었습니다. 그리고 강산이는 차츰차츰 엄마가 하는 일을 이해하게 된 것이지요. 이해가 될 때 비로소 그것이 내 것이 됩니다.

• 내 노트에서 •

낮 동안은 소설이나 인문서를 읽고

저녁에는 시를 쓰고

나는 새벽 시간이 많아 써놓은 시를 검토하고 고치고 일기도 쓴다.

뉴스를 검색하고 스포츠 예능 영화리뷰 그리고 인터넷 서점에 들러

신간들을 검색한다.

그리고 시들을 읽는다.

그리고 써놓은 내 시를 본다.

• 자기 노트 •

주변을 천천히 둘러보다, 눈에 띄는 무언가를 골라 자세히 관찰해 보세요.
모양, 색, 질감, 감정까지 하나하나 적어봅시다. 한 문장도 좋습니다.

새 땅을 딛게 해준 책

김용택의 글쓰기 노트

나는 아주 작은 마을에서 태어났습니다. 마을은 강 언덕에 있지요. 나는 우리 마을에서 3킬로미터쯤 떨어진 곳에 있는 초등학교를 다녔습니다. 그리고 중학교와 고등학교를 졸업하고 선생이 되어 다시 내가 졸업한 초등학교로 왔습니다. 나는 그때까지 교과서 말고 다른 책을 읽은 적이 별로 없었습니다. 우리 동네에는 책을 읽는 사람이 없었고, 중학교 고등학교에서도 교과서 외에 책을 접할 기회가 없었지요. 교사로 근무하기 시작한 어느 날, 책을 파는 사람이 학교로 찾아왔습니다. 나는 그 사람에게 처음 책을 샀지요. 그때 내 나이 스물두 살이었지요. 책을 읽으면서 나는 정말 놀라웠습니다. 책 속에 글자들이 만들어내는 새로운 세상이 있었으니까요. 한 번도 상상해 보지 못한 나라에서 사람들이 사랑하고, 미워하고, 슬퍼하고, 행복해하고, 싸우고, 고통받고, 절망하고, 또 새로운 희망을 일으켜 세워 살고 있었습니다. 세상에 그런 일이 이 작은 종이 묶음 속에서 벌어지다니, 놀라웠습니다. 그렇게 책을 몇 권 읽고 났더니, 세상이 다시 보였습니다.

나는 누구일까, 어떻게 살아야 할까. 우리 아버지와 어머니는 누구이며 그분들이 살아온 세상은 어떤 세상이었을까. 우리나라는? 세계는? 별의별 생각들이 다 일어나 나를 흔들어 놓았습니다. 너무 많은 생각들이 일어나 내 머릿속은 터질 것 같았습니다. 어느 날부터인지는 몰라도 나는 그 생각들을 일기장에 정리하기 시작했습니다. 그렇게 오래오래 생각을 정리하다 보니, 어느 날 내가 시를 쓰고 있었습니다.

시를 쓰면서도 나는 시인이 되어야겠다고 생각해 본 적이 없었습니다. 책을 읽고 내 생각을 정리하는 것이 좋았지요. 생각을 정리하고 나면 새로운 생각이 찾아왔고, 생각이 마음속에서 익으면 그 생각을 정리해서 밖으로 내보냈지요. 그런 일을 반복하면서 나는 내가 좋아지기 시작했습니다. 무엇이 되어야겠다는 생각은 없었지만, 내가 점점 나를 믿게 되고 우리가 사는 세상을 믿게 되었지요. 나는 그게 좋았습니다. 세상을 사랑하는 마음이 자꾸 커가는 것이 좋았어요. 심지어 내가 세상을 아름답게 가꾸고 싶다는 생각도 들었습니다.

그러니까 책을 읽으면서 내가 사는 이 세상과 나의 관계를 귀하고 소중하게 가꾸고 싶다는 욕심이 생긴 거지요. 나는 하루하루 책을 읽으며 세상의 질서를, 내가 살아가는 의미를 나름대로 깨달아 갔습니다. 내게 주어진 매 순간이 중요했고, 그 순간을 확실한 내 삶의 '현실'로 만드는 일이 중요했습니다.

무엇을 하며 어디에서 사느냐보다 어떻게 사느냐가 중요하다는 것도 그때 알게 되었습니다.

그렇게 13년을 살았지요. 그러고서 나는 시인이 되었습니다.

시인이 되었다고 해서 달라지는 건 없었습니다. 날마다 어린이들과 함께 울고 웃고 싸우고 화해하고……. 그리고 뛰놀았습니다. 어린이들이 나의 하루가 되어갔습니다. 나는 어린이들과 비가 오면 비를 보고, 바람이 불면 바람을 보고, 눈이 오면 눈을 보고, 새가 날면 그 새가 사라질 때까지 뒤를 쫓다가, 새가 사라진 텅 빈 하늘을 바라보고 있는 것이 그렇게 좋았습니다.

그리고 어린이들에게 새가 나는 순간을, 텅 빈 하늘을, 글로 쓰게 했지요. 새로 돋아나는 풀밭, 풀밭 위를 나는 나비, 살랑거리는 바람을 타는 어린 영혼들을 보는 것이 그렇게 좋을 수 없었습니다. 사는 환경이 달라지지는 않았지만, 강가 작은 마을에 사는 선생이고 시인이라서 그냥, 좋았습니다. 강길을 걸어 학교에 가고 오는 것이 한없이 좋았습니다. 나는 평생 내가 태어나 자란 곳에서 같은 산과 강과 마을을 보며 살고 있습니다. 그러나 한 번도 질리지 않았습니다. 책과 자연과 글쓰기는 나를 늘 새로운 세상에다 데려다주었습니다. 새로웠고 신비롭고 감동적이었습니다. 책과 글쓰기를 통해 생각하고 고민하고 괴로워하며 나도 모르는 새로운 세상에 들어서서 놀라곤 했지요.

나는 책을 읽으며 내가 사는 곳을 이해하고 내 생각을 정리하고 또 다른 세상으로 향하는 문을 두드리며 살았습니다. 두드리면 문이 자꾸 열렸고, 나도 모르는 새로운 세상이 거기 있었습니다.

나는 평생 섬진강 작은 마을 작은 초등학교에 머물러 살았지만, 책은 매 순간 나에게 새로운 세상으로 나가는 문을 열어주었던 것입니다. 한 번도 상상해 보지 않은 새 땅을 딛게 해주었습니다. 내가 사는 세상이 늘 달라 보였고, 새롭고, 신비롭고 감동적이었습니다. 사는 일이 늘 그래야 한다는 생각을 하게 되었습니다. 책은 그렇게 늘 어제와는 다른 오늘을 만들어주는 내 인생에 아름다운 선생님이었습니다.

책을 읽으면   정현아

책을 읽는다면 내 텅 빈 머릿속은
자꾸자꾸 쌓여만 가네.
오늘은 쇠똥구리를 읽었을 때
슬픈 이야기가 나와 눈물이 날 뻔했네.
왜냐하면 큰 외삼촌이 장애인이라고

어디로 보낸다는 소리 듣고
안 간다고 하며 눈물 흘렸기 때문이네.
책을 읽는다면 새로운 걸 알게 되고
책에서 나온 사람의 눈물과 기쁨이
우리에게 전해지네.

집
김동현

선생님의 집에 들어왔을 때
집이 컸다
하지만 더 기억에 남는 건
많은 책들이다
이 집처럼 그릇만 크면 무슨 소용이냐
안에 책처럼 배우는 것이
있어야 한다

아는 것이 내 것이 될 때,
지식이 인격이 된다

인격이란 사람으로서 지켜야 할 도리와 예의를 지키면서 길러진 힘입니다. 나를 귀하게 생각하고 소중하게 가꾸고 나아가 세상을 귀하게 가꾸는 사람을, 우리는 인격을 갖춘 사람이라고 말할 수 있을 것입니다. 말하자면 공부를 많이 하면 훌륭한 사람이 되고, 훌륭하다는 것은 우리가 흔히 말하는 좋은 사람이겠지요. 좋은 사람이란 자기가 사는 세상을 외면하지 않은 사람일 것입니다.

비가 오다
양승진

오늘은 낮에 조금 비가 왔다. 어제는 비가 올 거라고 예상하였지만 진짜로 비가 올지는 몰랐다. 방울방울 물방울같이 생긴 비가 '주룩주룩' 잘도 내렸다. 비가 그치고, 우산을 접다가 우산에 찝혀서 손가락 하나가 다쳤다. 그래서 조금은 빨갛다. 그리고 아팠다.

다음부턴 조심해서 우산을 접어야겠다. 그런데 밖에 나가 보니 개구리 한 마리가 '폴짝폴짝' 잘도 뛰어갔다. 개구리는 넘어지지도 않고 비를 맞으며 뛰어갔다. 그런데 개구리는 가다가 내 손등에 물을 조금 튀기며 갔다. 나는 그 개구리가 튀기고 간 물을 닦으며 그 개구리가 좀 못됐다고 생각을 하였다. 그런데 그 개구리는 돌에 부딪히고 꼼짝하지 않았다.

승진이 일기를 여기 옮겼습니다. 일기에서 보듯 인격이란 나 아닌 다른 것에 대한 이런 조심스러운 살펴봄이 아닐까요. 이 살핌이 나중에 세상을 감싸안을 수 있는 큰 사랑이 될 것입니다. 내 상처에 비추어 다른 사람이나 동물, 더 나아가 자연의 작은 아픔조차 돌볼 수 있는 것이 인격입니다. 내 가까이 있는 사람들을 살피거나 내가 심은 옥수수를 가꾸다 보면, 또는 폴짝 뛰다가 돌에 부딪혀 멈춘 개구리를 보고, 나도 모르는 사이에 사랑하는 마음이 커갈 것입니다. 그렇게 세상을 사랑하는 일은 생각과 고민과 괴로움을 따라 움직이면서 커가는 것이 아닐까요.

• 내 노트에서 •

시언이가 마당에 나오더니, 양손을 위로 바짝 들어 만세를 부르며

"아침이 돌아왔어요!" 한다.

명랑하다.

손수레에 시언이와 시아를 태우고 강을 건너오다 강아지를

데리고 오는 어떤 아주머니와 만났다.

시언이와 시아가 강아지에게 달려갔다.

시언이가 두 무릎을 접고 허리를 구부려 강아지를 들여다보더니,

"아이고오… 진짜 귀엽다" 한다.

마치 어른 같은 자세와 말투다.

저절로 나온 말치고는 너무 어른스럽다.

• 자기 노트 •

당신이 사랑하는 것에 대해 써보세요. 사람일 수도, 사물이나 장소일 수도 있습니다. 그 대상을 떠올릴 때 느껴지는 따뜻한 마음을 그대로 담아보세요.

김용택의 글쓰기 노트

자연이 말하는 것을 받아쓰다

。

농사를 짓고 사는 우리 마을 사람들은 오랫동안 학교와 책과 선생님이 따로 없었습니다. 농사짓는 공부를 따로 하지 않았는데도 나무도 잘하고, 모내기도 잘하고, 쟁기질도 잘하고, 바느질도 잘하고, 밥도 잘 짓고, 논도 잘 매고, 베도 잘 짜고, 물고기도 잘 잡았습니다. 농부들은 새 우는 소리, 바람 소리, 비 오는 소리, 풀이 흔들리는 소리, 물이 부서지는 소리까지 잘 듣고 그 말을 따랐습니다. 자연의 말에 귀 기울이고 자연이 무슨 말을 하는지, 무엇을 가리키는지 잘 듣고 알아가면서 그들이 하라는 대로 하며 살았지요. 그러다 보니 농부들은 봄비가 내리면 어떻게 해야 하는지를 알았고, 가을바람이 불면 무엇을 어떻게 해야 하는지를 알았습니다.

나뭇잎이 다 핀 앞산에 바람이 불면 앞산이 뽀얗게 될 때가 있습니다. 참나무잎 뒤쪽이 뽀얀 색깔이어서 바람 불면 하얗게 뒤집어지기 때문에 산이 뽀얗게 보였지요. 그러면 우리 어머니가 이렇게 말했습니다. "야야, 참나무잎이 저렇게 뒤집어지면 사흘 후에 비가 온단다." 정말 사흘 뒤에 비가 왔습니다. 그 바람은 비가 올 바람이었습니다.

농부들이 하는 말은 혼자 만든 말이 아니라 자연의 말이었고, 여럿이 다듬어서 만든 오래된 틀림이 없는 말이었습니다. 농부들은 이 세상 모든 것이 책이었고 선생님이었고 학교였습니다.

농부들은 자연이 말해주는 것들을 자기들의 언어로 다듬어 살아가는 데 써먹었고, 그렇게 살아가는 방식을 후대에 물려주었습니다.

아는 것이 인격이 되어야
비로소 세상과 관계를 맺는다

아는 것이 인격이 될 때 비로소 세상과 나는 관계를 맺습니다. 이 세상에 존재하는 것이 모두 나와 관계를 맺고 있습니다.

프랑스의 소설가 생텍쥐페리가 쓴 《어린 왕자》에 이런 이야기가 나옵니다.

작은 별에 살던 어린 왕자가 다른 별들을 여행하다가 어느 날 지구에 도착했어요. 그런데 작은 별에서 키우던 장미가 지구에 아주 많이 있는 거예요. 하나뿐인 줄 알았던 장미가 너무 많아서 혼란스러웠지요. 그때 여우가 말합니다. '너만의 장미꽃이 중요하다'고. '네가 그 장미꽃을 키운 시간을 떠올리라'고. '네가 길들인 그 장미꽃은 다른 장미꽃들과 다르고, 너는 그 장미꽃에 책임을 져야 한다'고. 여우는 어린 왕자에게 관계를 맺는다는 것에 대해 말한 것입니다.

아프리카에 있는 가난한 아이들의 배고픔도 나와 관계가 있을 것입니다. 봄과 가을이 짧아지는 이상기후와 나, 멸종 위기종 귀신고래와 나, 어느 날 문득 불어오는 바람 한 점과 나는 깊은 관계가 있을 것입니다. 사장님과 나, 상사와 나, 저기 서 있는 집, 달려가는 자동차, 친구, 책상, 의자, 심지어 벽에 걸려 있는 액자 속의 그림도 나와 관계를 맺고 있습니다. 세상에 존재하는 모든 것들은 모두 나와 이어져 있습니다.

비둘기   이창희

내가 그 비둘기를
만난 것은
지난겨울.

그 비둘기는 혼자 있었다.
아무래도 외톨이인가 보다.

그런데 지금은 그 비둘기를
볼 수가 없다.
이제는 내가 외톨이가 되었다.

창희는 산골 작은 마을에 살았습니다. 봄이면 살구꽃이 환한 마을이었습니다. 어느 겨울날 창희가 비둘기를 만났습니다. 창희도 비둘기도 혼자였습니다. 비둘기가 있다는 것만으로도 창희는 외롭지 않았겠지요. 그런데 어느 날 비둘기가 보이지 않았습니다. 창희는 외톨이가 된 거지요.

관계란 바로 이런 것입니다. 창희는 비둘기와 정이 들어버린 거지요. 비둘기와 창희가 관계를 맺으면서 창희는 외롭지 않게 되었지요. 그런데 비둘기가 어딘가로 가버렸습니다. 스스로 혼자라고 여기는 것들끼리 아름다운 관계를 맺어 외로움을 달랬는데, 창희는 다시 외톨이가 되어버렸어요. 비둘기가 떠난 뒤 마주하게 된 쓸쓸한 마음을 창희는 글로 썼습니다.

관계를 맺으면
갈등이 일어난다

관계는 갈등을 일으킵니다. 갈등은 둘 사이의 긴장을 말하지요. 둘이 있으면 이해관계가 발생합니다. 둘 이상이면 갈등이 더 복잡해지겠지요. 내가 하는 행동이 누군가를 불편하게 할 수 있고 불리하게 할 수 있습니다. 내가 이익을 얻으면 남이 손해를 볼 수도 있습니다. 누군가 일등을 하면 누구는 이등을 하겠지요. 당연히 꼴찌도 있고요. 관계란 이렇게 불편한 충돌을 일으키기도 합니다.

산에 가면 칡이 있습니다. 칡은 넝쿨 식물입니다. 땅 위에서 뻗어 가기도 하고 나무를 감고 오르기도 합니다. 우리 주위에서 흔히 볼 수 있는 나무 가운데 등나무가 있습니다. 봄이 되면 보라색 꽃이 포도송이처럼 매달려 피는 나무지요. 등나무는 무엇인가에 닿으면 왼쪽으로 감고 올라갑니다. 그런데 칡은 오른쪽으로 감고 올라갑니다. 칡과 등나무를 같은 곳에 심어 두면 각자 반대 방향으로 감고 올라갑니다. 풀 수 없을 정도로 깊이 조이며 서로 엉키지요. 결국은 둘 다 죽게 될 것입니다. 그래서 칡 갈, 등나무 등 자를 써서 '갈등葛藤'이라고 했답니다.

중간고사   임채훈

오늘은
시험 보는 날
나는 죽었네,
나는 죽었어.
왜냐하면
꼴등을 할 테니
나는 죽었네.

시험은, 시험을 보는 사람은 물론이고 주변 사람에게까지 문제가 되기도 합니다. 시험 하나로 문제가 꼬리에 꼬리를 물고 일어납니다.

시험뿐이 아닙니다. 정치를 하는 사람들은 자기가 옳고, 자기 정당이 옳다고 싸우지요. 장사하는 사람들은 자기가 만든 물건이 최고라고 합니다. 이게 바로 갈등입니다. 세상을 들여다보면 이렇듯 온통 갈등의 소용돌이지요.

자, 이 골치 아픈 모든 갈등을 어떻게 할까요? 어떻게 풀까요. 갈등을 피하고 싶습니다. 시험을 피하고 싶지요. 그런데 시험이 없는 세상은 없습니다. 갈등이 없는 세상은 절대 오지 않을 것입니다. 세상에 그런 일은 없겠지요. 절대 피할 수 없는 이 갈등을 어떻게 관리할까요. 한 가지 방법이 있습니다.

그 갈등의 소용돌이 속으로 뛰어드는 것입니다. 나를 갈등의 한가운데에 놓고 내 문제, 나와 너의 문제, 세상의 모든 문제를 풀어보려고 노력하는 것입니다. 피할 수 없는 갈등을 받아들이고 고민하고 생각하고 괴로워해 보는 것이지요. 꼬이고 꼬인 칡과 등나무 사이를 풀어 보아야지요. 그렇지 않으면 둘 다 죽게 되니까요.

갈등이 없으면 행복할까요? 서로 풀어야 할 일도 없이 때로 둘이 같이 죽자 살자 싸우는 일이 없으면 행복할까요?

충용이 글을 보면 꼭 그렇지만은 않은 것 같습니다. 오히려 갈등이 없는 것이 큰 문제일 수 있지요.

축구

이충용

축구는 재미있다.
그런데 난
같이 찰
친구가 없을 때
혼자 벽에
뻥뻥 찬다.

축구는 스물두 명이 정해진 운동장 안에서 규칙을 지키며 치열하게 갈등을 일으키며 싸우는 경기입니다. 그런데 놀랍게도 충용이처럼 상대가 없으면 이렇게 심심하고 재미가 없습니다. 골대도 없고 같이 싸울 누군가도 없이 벽에 뻥뻥 부딪혔다가 다시 돌아오는 공은 아무리 빠른 속력으로 날아와도 외롭고 공허해 보입니다.

충용이는 마을에서 뚝 떨어진 외딴곳에 살던 아이였습니다. 그렇다 보니 같이 공을 차며 뛰어놀 동무가 없었지요. 같이 놀 사람이 없었던 것입니다. 벽 앞에 서서 혼자 공을 차는 충용이를 떠올리면 가슴이 아프지요. 충용이에게 필요했던 것은 상대가 있는 갈등이 아닐까요?

갈등은
조화로운 세상을 꿈꾼다

갈등은, 다툼과 싸움은, 서로 자기가 옳다고 주장할 때 일어나지요. 친구들과 싸우고, 이웃과도 싸웁니다. 물론 가족끼리도 싸웁니다. 일등을 하려고 싸우고, 잘살려고 싸우고, 내가 옳다고 싸우고, 많이 가진 사람은 더 많이 가지려고 싸우고, 가난한 사람은 가난 때문에 못 살겠다고 아우성이지요. 세상은 조용할 날이 없는 싸움판입니다. 옛날에도 그랬고, 지금도 그렇고, 틀림없이 내일도 그럴 것입니다.

갈등이 없는 세상은 없습니다. 모두 자기가 옳다고 싸움을 하면 시끄럽고 불편하고 힘이 듭니다. 갈등이 일어나면 사람들은 갈등을 조절하고 조정해서, 서로 화해하고 조화로운 세상을 만들려고 노력합니다.

갈등 속에서 잘못된 것이 드러나니까 생각을 고치고 바꾸고 맞추어 조화롭게 하려고 하지요. 조화롭다는 말은 이것과 저것이 서로 어울리게 된다는 말입니다. 이때 어울린다는 말은, 조화롭다는 말은, 이것과 저것이 저것과 이것이 각자 있어야 할 제 자리에 그렇게 있는 것을 서로 인정한다는 뜻입니다. 그래야 편하지요. 너도 살고 나도 사는 것이 조화입니다. 말하자면, 서로 어울려 사는 것이 조화입니다.

그러나 절대 그런 평화로운 세상은 오래 지속되지 못합니다. 살다가 보면 늘 착오가 일어나고 그 착오를 해결해야 하니까요. 착오를 해결하려고 사람들은 늘 변화와 혁신은 원합니다. 어떤 일이 있더라도 반듯이 '끊임이 없는 착오를 결론'지어야 합니다. 이것이 '변화와 혁신'입니다.

싸움

이선영

싸움을 하고
내일이면
언제 그랬냐는 듯이 괜찮아진다.

아픈 싸움은 그만하자.

국가는 개인과 개인, 집단과 집단의 갈등을 조정해 조화로운 사회를 만들고자 합니다. 이를 위해 국회(입법부), 행정부, 사법부가 존재합니다. 국회는 법을 만들고, 행정부는 그 법의 테두리 안에서 나라 살림을 하며, 사법부는 법을 집행하지요. 이 기관들은 국민이 위임한 힘으로 갈등을 해결합니다. 끊임없이 발생하는 착오들을 결론짓자고 만든 제도가 선거 제도입니다.

선거를 통해 나랏일을 하는 군의원, 도의원, 국회의원, 군수, 시장, 교육감, 대통령을 바꾸어버립니다. 선거는 일정 기간 쌓인 갈등들을 해결하려고 모든 국민이 약속하고 허가한 큰 싸움판이라고 할 수 있습니다. 사람들이 서로 나랏일을 잘해보겠다는 큰 틀 안에서 약속하고 싸우는 것이지요. 선거라는 제도를 통해 갈등을 조절하고 조정해서 서로 화해하는 것입니다.

선거가 그리 쉽나요? 끊임없이 새로운 말을 해야 하고 글을 써야 합니다. 그러다 보니 얼마나 많은 생각들이 일어나고, 얼마나 많은 말과 글이 써지겠습니까. 선거는 말과 글로 갈등을 정리하는 한판 싸움이지요. 사람들은 그렇게 싸우며 갈등들을 조절하고 조정하여, 새로운 말로 조화로운 세상을 창조해 갑니다. 착오를 결론짓고 새 정권 새 정부를 세웁니다.

• 내 노트에서 •

바람이 왔다.

어제와는 다른 바람이 왔다.

바람 속을 걸어갔다.

몸이 활발하다.

새벽에 비가 왔다.

빗방울도 차갑지 않다.

디딤돌 파인 곳에 떨어지는 빗방울로 퍼지는 작은 파문들을 보았다.

빗방울의 파문은 중심이 없다.

이제 봄이 오나 보다.

오리들도 쉬지 않고 먹이를 찾아 먹는다.

살이 통통하게 올랐다.

움직임도 활발하다.

날 때도 멀리 높이 난다.

마른 풀들도 움직임이 달라졌다.

바람이 왔다.

어제와는 다른 저 바람은 무엇을 보고 왔기에

어제와는 다른 바람인가.

내가 사는 마을에 봄이 온다.

• **자기 노트** •

지금 마음속에 어떤 갈등이 있나요? 작은 고민이든 큰 결정이든, 그 갈등의 양쪽을 천천히 꺼내어 정리해 보세요. 생각이 조금 더 분명해질지도 모릅니다.

조화로운 세상을 꿈꾸면
생각이 일어난다

자, 이제 생각이 어디에서 오는지 알았지요. 생각이 나면 그 생각들이 커지기도 하고, 작아지기도 하고, 사라지기도 하고, 마음속에 고여 넘치기도 합니다. 그러면 사람들은 그 생각을 버리지 않고 그 생각을 정리해서 무엇인가를, 무슨 일을 저지르게 됩니다. 생각은 너무 중요합니다. 우리가 사는 세상의 많은 것들이 다 생각으로 만들어졌기 때문입니다. 무궁무진한 생각, 그 생각이 세상을 만들어왔습니다. 그러니까 생각은 행동의 시작이지요.

사람들은 자기가 사는 대로 생각합니다. 그러나 인생을 아름답게 사는 사람들은 사는 대로 생각하지 않고, 생각대로 삽니다. 자기가 생각하고 있는 삶을 실현하는 것입니다. 자기가 생각하는 것을 현실로 만들어 가지요. 사는 대로 생각하면 지금 사는 대로 살게 되고, 생각대로 살면 아까와는 다른 지금을 만들어가게 됩니다.

생각을 고민하고 괴로워하면 그 어떤 수가 생깁니다. 생각하고 고민하고 괴로워하면 말과 글이 달라집니다. 즉 행동이 달라진다는 말이지요. 그 어떤 수를 찾기 위해 사람들은 오랫동안 그렇게 글을 써온 것이지요. 글과 말이 달라지면 생각이 달라지기 때문에 행동이 달라지지요. 착오가 정리된 것이지요. 새로워졌다는 말입니다. 아까와는 다른 세상에 내가 와 있다는 말이지요.

생각을 논리적으로 정리하면 글이 된다

마음속에 쌓이고 고인 생각들을 밖으로 내보낼 때 그 생각을 정리해서 쓰면 한 줄의 글이 태어납니다. 마음속에 있는 생각을 밖으로 내보내는데, 그냥 내보내는 게 아니라 논리적으로 정리해야 '그것'이 밖으로 나가게 됩니다. 그것이 물건이 되기도 하고, 학문이 되기도 하고, 시가 되기도 하고. 과학이 되기도 합니다. 이 세상의 모든 것은 다 그렇게 생각을 논리적으로 정리한 것들입니다.

슬기의 글을 보면 생각을 정리한다는 게 어떤 것인지 쉽게 알 수 있을 것입니다.

아버지

강슬기

아버지 일은 회사 일이다.

회사 일은 어렵겠다.

일이 꼬이면 풀기가 어려우니까.

줄넘기 두 개가 꼬이면

풀기 어려운 거하고

회사 일하고 같겠다.

슬기가 어느 날 '아버지'라는 글을 써 왔습니다. 나는 깜짝 놀랐습니다. 슬기 엄마에게 전화를 했습니다. 슬기 엄마도 내가 가르쳤거든요. 슬기 엄마에게 집에 무슨 꼬이는 일이 있느냐고 물었지요. 없대요. 그래서 내가 슬기 글을 읽어주었습니다. 그랬더니 슬기 엄마가 "아하, 며칠 전에 슬기 아빠가 술을 많이 마시고 들어와서는 방에 벌러덩 누우면서 '꼬인다 꼬여'라고 했어요."

슬기가 그 말을 듣고 이튿날 학교에 와서 줄넘기를 꺼내려다 보니, 두 개의 줄넘기 줄이 얽히고설켜 있는 거예요. 꼬인 줄넘기를 풀다 보니 힘이 들었겠지요. 그때 아빠가 했던 꼬인다는 말이 떠

오른 것입니다. 아빠의 꼬인 회사 일과 자기 줄넘기가 꼬인 것이 같다고 생각한 것이지요. 그 생각을 정리했더니 '아버지'라는 글이 되었습니다. 이렇게 자기의 생각을 정리해야 새로운 곳으로 나갑니다.

· 내 노트에서 ·

고통이 떠난 자리에 사랑이 채워져야 한다.

그 사랑으로 세상을 사랑하라.

고통의 자리에 사랑이 채워지지 않으면 고통의 시간이 버려진다.

고통을 버리지 말자.

· 자기 노트 ·

지금 당신의 생각을 가감 없이 꺼내어 한 문장이라도 써봅시다. 조금 어렵더라도 괜찮습니다. 지금 떠오르는 생각을 있는 그대로 적어보는 것만으로도 마음이 한결 가벼워질 수 있어요.

생각을 논리적으로 정리하는 철학적인 삶의 태도

김용택의 글쓰기 노트

。

우리는 날마다 정리를 하면서 삽니다. 수업 시간이 끝나갈 때면 선생님이 늘 똑같은 말을 합니다. "자, 자, 정리할 시간이다." 그러고 보면 우리가 화장대를 정리하며 거울 앞에 앉아 있는 것도, 싱크대 앞에서 설거지를 하는 것도 다 정리입니다. 주말에 온 가족이 함께 집 안을 치우는 일도 정리지요. 생각해 보면 우리는 온종일 어지르고 또 어지른 것들을 정리하며 삽니다. 회사에서는 거의 날이면 날마다 회의를 합니다. 회의야말로 새로운 일을 시작하기 위한 정리의 시간입니다.

정리해야 새로운 곳으로 나갈 수 있습니다. 사람들은 하루를 정리하면서 아무렇게나 하지 않고 논리적으로 정리합니다. 우리가 화장을 할 때 보면 논리가 무엇인지 정리가 얼마나 섬세해야 하는지, 정리가 얼마나 아름다워야 하는지 알 수 있습니다. 얼굴을 정리하듯 삶을 논리적으로 정리하는 것을 우리는 철학이라고 합니다.

생각을 논리적으로 정리하는 철학적인 삶의 태도를 갖는 사람은 신념을 갖게 됩니다. 신념이란 믿는 것입니다. 우리가 살아온 세상을 믿고, 우리가 살고 있는 세상을 믿고, 우리가 살아갈 세상을 믿는 것입니다.

신념이 있을 때 우리는 어제와 오늘의 바탕 위에서 새로운 내일을 창조하게 됩니다. 우리가 믿고 살아갈 세상을 내일에 맞게 창조할 수 있게 되는 것이지요. 놀라운 것은 우리가 그 모든 세상을 글로 기록하고, 글로 배우고, 글로 남긴다는 사실입니다. 그것이 바로 인류의 역사입니다.

역사는 인간들이 살아온 생각과 고민과 괴로움과 갈등의 기록입니다. 역사는 생각의 힘입니다. 생각하고 고민하고 괴로워하는 힘이 역사를 바꾸기도 하고 새로 쓰기도 합니다.

새로운 것은 사람들에게
감동을 주어야 한다

우리가 살아온 세상과 우리가 살고 있는 세상을 논리적으로 정리해서 새로운 세상, 즉 새로운 것을 만들어내면, 사람들은 그 새로운 것에

    마음이 끌리기도 하고   관심

    나도 그렇다는 생각을 하기도 하고   공감

    마음이 움직이기도 합니다.   감동

마음이 끌려 관심을 보이고 나도 그렇다는 공감을 하는 것도 중요하지만, 그보다 더 중요한 것은 사람들의 마음을 움직이게 하는 감동입니다.

감동은 눈에 보이지 않지만, 세상을 바꾸는 가장 큰 힘을 가지고 있습니다. 감동은 바람처럼 햇살처럼 손에 쥐어지지 않지만 느끼고 스며들어 생각을 바꾸고 행동을 바꾸고 따라서 세상을 바꾸기도 합니다.

생각과 행동이 바뀌면 내가 바뀌고 세상이 바뀝니다. 새로 쓴 한 줄의 시가 한 문장이 나를 바꾸기도 하고, 누군가가 만든 어떤 물건이 세상을 바꾸기도 합니다.

해와 바람과 물과 같이 우리 몰래 우리가 사는 세상을 바꾸는 힘, 그 힘이 감동입니다.

감동을 주는 것들은
살아 있는 것들이다

감동을 주는 것들은 살아 있는 것들입니다. 생명력이 있다는 말이지요. 사람들의 마음을 움직이게 한다는 말이기도 합니다.

몇백 년 전에 쓰인 시가, 이백 년 전에 작곡한 음악이, 몇천 년 전에 그린 그림이, 몇천 년 전에 지어진 피라미드가 지금도 우리에게 감동을 줍니다. 지금도 생생하게 살아서 우리 마음을 움직이고 바꾼다는 말이지요.

물속을 돌아다니는 물고기, 온 세상을 하얗게 덮는 눈송이, 흘러가는 강물 위에 떨어지는 눈부신 햇살이 생명을 키우고 내 마음을 움직입니다.

이렇게 감동은 주는 것들은 다 살아 있는 것들입니다. 생명력을 가진 것들이지요. 생명력을 가진 것들이 역사를 바꾸고 새로 쓰게 됩니다. 힘! 세상을 바꾸는 힘을 얻는 일이 곧 글쓰기입니다.

꽃   김은미

향기로운 꽃
누굴 주고 싶어
이쁘게 피었을까.
여러 사람에게
사랑을 주고 싶어 피었을까.
나도 꽃을 좋아한다.
아아, 나에게도 꽃을 줄까?

은미는 서울에서 전학 와서 할머니 할아버지와 함께 살았습니다. 은미는 늘 슬픈 아이였습니다. 아이들이 은미를 조금만 나무라면 엄마가 보고 싶다며 다리를 뻗고 울었습니다. 은미는 그렇게 슬픔을 가득 안고 사는 아이였지요.

그런데 어느 날 은미 할머니가 돌아가셨습니다. 은미 할머니 무덤은 학교 뒷산에 있었지요. 은미는 학교에 오고 집에 가면서 꼭 할머니 무덤에 가서 절을 했습니다. 은미의 마음속에는 어머니와 아버지와 돌아가신 할머니밖에 없었겠지요. 다른 것이 보이지 않았을 것입니다.

어느 날 나는 어린이들과 함께 뒷산을 산책하다가 은미 할머니 무덤가에 보라색 제비꽃이 피어 있는 것을 보았습니다.

은미도 제비꽃을 보았겠지요. 은미 마음속에 찾아와 잔잔한 파문을 일으킨 제비꽃에 대해 은미가 글을 썼지요.

부모님과 할머니 생각으로 가득 찬 슬픈 가슴을 비집고 제비꽃 향기가 찾아든 거지요. 은미는 제비꽃을 보고 느낀 감동으로 슬픈 마음을 다스렸을 것입니다. 은미는 그렇게 자기에게도 꽃을 주고, 한 편 시를 지어 다른 친구들에게도 선물했습니다.

벗꽃 잎

김인수

꽃잎이 하늘을
날아다닌다.
바람을 타고
여행을 간다.
꽃잎이 우리의 기분을
신나게 해준다.

인수가 본 꽃잎, 하늘, 바람은 모두 살아 있는 것들입니다. 살아 있는 것들은 이렇듯 늘 움직이면서 감동으로 새로운 세상을 만들어 냅니다.

• 내 노트에서 •

봄바람에 흔들리는 강아지풀잎 속으로 여행 가고 싶다.

봄이어서 강아지 꼬리는 나오지 않았겠지.

그때까지 기다릴 수 없다.

강아지풀이 하는 일은 하루 종일 얼마나 경이로울까?

별이, 달이, 해가 내 머리끝에 올 때까지 기다린다.

어떤 것도 따라가지 않는다. 또 온다는, 그것은 나의 믿음이다.

나비가 강아지풀잎에 앉으면, 나비 발을 살살 긁어 간지럼을 타게 하고 싶다.

나비가 웃으며 날아가다 돌아보는 얼굴도 보이겠지.

나는 시인이다.

바람이 저쪽 명아주잎에 앉아 있으면 이리 오라고 불러 마음껏 흔들리고 싶다.

풀잎 속으로 들어가는 문이 있을 것이다.

줄기를 타고 수액이 오르내리는 길을 따라다닌다.

이슬로 가는 나를 말려야지.

발자국 하나 없이 평생을 그 자리에 서서 바람을 탄다.

뿌리를 두고 내 키만큼 얼마든지 사방으로 흔들릴 수 있다.

내게는 손이 없어서 저쪽 별을 만지고 오는 그것이 나의 유일한 반항이다.

• 자기 노트 •

요즘 당신을 울컥하게 만든 것은 무엇인가요? 감동을 받은 순간이나 사람, 혹은 말 한마디가 있나요? 그 마음의 떨림을 남겨보세요. 시간이 지나도 잊히지 않는 한 문장이 될 수 있습니다.

_____

_____

김용택의 글쓰기 노트

언제 보아도 완성되어 있고, 언제 보아도 새로운 것들

。

사람들은 벽에 그림을 걸어 둡니다. 한 번 보면 되었지, 왜 벽에 그림을 걸어 두고 늘 보려고 할까요? 우리는 왜 음반을 간직하면서 같은 음악을 듣고 또 듣는 것일까요? 왜 시를 읊고 또 읊을까요? 우리가 왜 고전이라는 소설을 읽고 또 읽을까요? 왜 고전은 아무리 오랜 세월이 가도 사람들에게 새로운 감동을 주는 걸까요?

우리에게 늘 감동을 주는 예술 작품들은 언제 보아도 완성되어 있고, 또 언제 보아도 새롭기 때문입니다. 어제 보고 오늘 또다시 보았는데 어제 보이지 않았던 것이 오늘 새롭게 보이기도 하고, 어제와는 또 다른 느낌이 들기도 합니다. 볼 때마다 새로운 느낌을 주는 작품을 두고 우리는 흔히 살아 있다고 합니다. 우리는 그런 예술 작품을 고전이라고, 명작이라고 부르지요. 훌륭한 예술 작품만 그런 게 아닙니다. 저기 흐르는 강물, 산, 바다, 노을, 바람, 나무, 햇살 같은 자연은 언제 보아도 완성되어 있고, 또 언제 보아도 새롭게 보입니다.

저기 서 있는 소나무는 바람이 불면 바람을 맞이해서

바람 불기 직전과는 다른 모습을 보여줍니다. 저기 흐르는 강물에 눈이 오면 강물은 또 다른 모습을 우리에게 그려줍니다.

봄, 여름, 가을, 겨울, 아침, 저녁, 밤, 낮, 매 순간 비 오고 바람 불고 눈 내릴 때마다, 자연은 우리에게 늘 새로운 모습을 보여주지요.

언제 보아도 완성되어 있고 언제 보아도 새로운 저 자연은 왜 그렇게 보일까요? 그것들은 살아 있기 때문입니다. 자연은 살아 있기 때문에 모든 것들을 거부하지 않고 다 받아들입니다. 자연은 그렇게 자기에게 오는 모든 것들을 다 받아들이기 때문에 늘 새로운 모습을 우리에게 보여주는 것이지요. 세상 모든 것들을 다 받아들일 수 있을 때, 새로운 것들을 세상에 보여줄 수 있습니다.

새롭다는 말은 살아 있다는 다른 말이기도 합니다. 살아 있는 것들은 자기를 살리고, 또 다른 것들을 살리는 힘이 있습니다.

나도 살리고 너도 살리고 우리 모두를 살려냅니다.

공부는 어떻게 보면 받아들이는 힘을 기르고 키우는 것입니다. 그 무엇을 받아들일 수 있는 힘이 없어졌다는 말은, 곧 죽음이나 마찬가지입니다.

살아 있는 것들은
자연에 있다

사람들은 살기 위해 많은 것들을 자연에서 가져옵니다. 그림도 음악도 과학도 철학도 시도 정치도 모두 자연의 생태와 순환의 이치에서 배워 가져옵니다. 우리가 먹고 자고 입는 것들도 다 자연에서 가져옵니다. 자연은 세상의 근본입니다. 우리의 몸이고 정신입니다. 자연은 우리의 어머니지요. 자연을 함부로 대하면 그것은 곧 나를 함부로 대하고 어버이를 함부로 하는 것과 같습니다. 자연이 상처를 입으면 내가 상처를 입는 것이지요. 저기 흐르는 강물이 아프면 내가 아픕니다.

자연은 내 몸입니다. 자연을 죽이는 것은 곧 나를 죽이는 것과 같습니다. 그래서 나는 글쓰기를 통해 우리 몸과 같은 나무를 어린이들에게 보여주었습니다. 나무는 정면이 없습니다. 바라보는 쪽이 정면입니다. 나무는 언제 보아도 완성되어 있고, 언제 보아도 다릅니다.

나무는 또 경계가 없습니다. 자기에게 오는 것들을 받아들입니다. 나무가 비를 바람을 햇살을 달빛을 오지 말라고 거부하는 것을 나는 보지 못했습니다. 나무에게 바람이 불면 바람 부는 나무가 되고, 달이 뜨면 달이 뜨는 나무가 되고, 새가 날아와 앉으면 새가 앉은 나무가 됩니다.

늘 새로운 시를 쓰고, 새로운 역사를 써갑니다. 공부란, 글쓰기란, 그렇게 자기에게 오는 모든 것들을 받아들여서 새로운 세상을 보여주는 것입니다. 나무가, 꽃이, 산이, 하늘과 달과 별이, 자기에게 오는 모든 것들을 다 받아들이고 새로운 모습을 보여주듯이 말입니다. 받아들이는 힘을 키우고 가꾸는 일, 그게 공부고 글쓰기입니다. 받아들일 때만 사람은 자기를 세상에 우뚝 세울 수 있습니다. 밤하늘에 빛나는 저기 저 별은 어둠을 받아들여서 저렇게 반짝이는 것입니다. 창조의 힘은 받아들이는 힘에서 나옵니다.

새들의 시

김용택

나무는 정면이 없다

바라보는 쪽이 정면이다

나무는 언제 보아도

완성되어 있고

언제 보아도 다르다

나무는 경계가 없어서

자기에게 오는 모든 것들을

받아들여 새로운 정부를 세운다

달이 뜨면 달이 뜨는 나무가 되고

새가 날아와 앉으면

새가 앉은 나무가 된다

나무는

바람의, 눈송이들의, 새들의

시다

가르치면서 동시에 배우다

김용택의 글쓰기 노트

o

나는 내가 어릴 적 다녔던 초등학교에서 오랫동안 2학년 어린이들을 가르치면서 지냈습니다. 어린이들과 지내다 보니, 가르친다는 것은 곧 배우는 것이라는 것을 알게 되었습니다. 가르치면서 동시에 배웠습니다.

저기 서 있는 몇 그루 미루나무는 볼 때마다 각자 다른 모습을 보여줍니다. 어린이들도 볼 때마다 다른 모습, 다른 생각, 다른 말과 행동을 보여주었습니다. 내게 늘 새로운 모습을 보여주는 어린이들이 나는 좋았습니다. 어린이들은 마치 달빛이 부서지는 강물 위에 물결처럼 눈이 부시게 빛났습니다. 어린이들은 나의 하루를, 매 순간 새롭게 해주고 신비로움을 가르치는 선생님이었습니다.

어린이들이 내게 가르쳐준 것들이 너무나 많습니다. 어린이들이 가르쳐준 것 중에 가장 중요했던 것은 정직과 진실이었습니다. 어린이들은 내게 정직과 진실이 통하는 세상이 있음을 보여주었습니다. 내가 마음을 주면 어린이들도 내게 마음을 주었습니다. 진심을 주고받을 수 있는 것이 얼마나 아름다운 것인가를 내게 가르쳐주었습니다. 정직과 진실이 통하고 진심이 통하니, 살아가는 일이 진지할 수밖에 없었습니다.

정직과 진실이 통하고 진심으로 마음을 주고받을 수 있으니 세상에 부러움과 두려움이 없었습니다.

어린이들은 철봉에서도 한 시간을 행복하게 놉니다. 모래밭에 가면 모래가 바로 자기 것이 됩니다. 강물에 가면 강물이 바로 자기 것이 됩니다. 나무, 숲, 논과 밭 그 어디에 가도 어린이들은 그것을 다 자기 것으로 만들 줄 알았습니다. 아무것도 가진 것이 없어도 뛰어놀 땅만 있으면, 마치 사는 것이 이런 것이라는 것을 알고나 있다는 듯이 신나고 재미있고 행복하게 뛰놀았습니다.

어린이들은 또 내게 무엇이든 새롭게 보는 신비로운 마을을 가르쳐주었습니다. 세상에 모든 것이 다 새롭고 신비로우니, 사는 일이 얼마나 즐겁고 행복하겠습니까. 그러니 어린이들은 무엇을 보든 쉽게 감격하고 감동합니다. 감동해야 마음이 움직여서 많은 것들을 받아들이는 힘을 갖게 됩니다. 마음이 살아 있어야 세상을 받아들이고 나를 고치고 바꾸어 새롭게 태어날 수 있습니다.

어린이들이 나에게 정직과 진실, 진심이 통하는 세상을 보여주었습니다. 정직하게 살고, 진실로 살고, 진심으로 살고, 진지하게 살고, 진정으로 살고, 세상을 늘 새롭게 바라보는 신비로움을 갖고, 사소한 것에 감동을 하는 마음으로 살아가라고, 아이들이 내게 가르쳐주었습니다. 호기심 가득한 그런 어린이들을 가르치는 것은 곧 배우는 것이었습니다.

3부 — 나의 시

나의 시를 보여드립니다. 여러분들이 내 시에 대해 어떻게 생각하시는지 궁금합니다. 시는 이성적으로 논리적으로 설명할 수 없습니다. 더군다나 시를 풀이할 수 없습니다. 이 시들을 나는 어떻게 썼다고 말할 수 없습니다. 다만 어느 날 문득 이런 시가 써졌습니다. 시 옆의 글은 각 시의 배경과 기억을 떠올려 써놓은 것들입니다.

인생

사람이, 사는 것이
별건가요?
눈물의 굽이에서 울고 싶고
기쁨의 순간에 속절없이
뜀박질하고 싶은 것이지요

사랑이, 인생이 별것인가요?

사랑하고, 헤어지고 또 사람은 살다가 죽습니다. 우리는 늘 이별을 곁에 두고 살지요. 늘 그걸 보고 듣고 또 내가 직접 겪으며 삽니다. 사랑하다 헤어지고, 또 내 곁에 있던 사람이 죽었을 때 우린 정말 삶의 허무와 허망을, 무상함을, 삶이 부질없음을 느낍니다. 어느 날 친구의 죽음 앞에 앉아 쓴 글입니다. 이별 후에 쓴 글이기도 하고요.

달

달이 무거운지

땅 가까이 내려왔다

폴짝 뛰면

네 얼굴이 만져질 것 같다

서울에 갔다가 고속도로를 타고 내려오는 길이었습니다. 정안휴게소에 이를 즈음이었어요. 우와! 정말 둥글고 밝은 달이 둥 떠 있었습니다. 이상하게 달은 산 가까이 내려와 있었지요. 놀랐습니다. 달이 무거워 보였지요. 그래서 쓴 글입니다. 달은 내가 보고 싶어 낮게 내려왔을 것입니다. 누군가도 저 달을 보고 있을 것입니다. 그이의 얼굴을 만져보고 싶었어요.

나를 잊지 말아요

지금은 괴로워도 날 잊지 말아요
서리 내린 가을날
물 넘친 징검다리를 건너던
빨간 맨발을
잊지 말아요

지금은 괴로워도 날 잊지 말아요
달 뜬 밤, 산들바람 부는
느티나무 아래 앉아
강물을 보던 그 밤을
잊지 말아요

내 귀를 잡던 따스한 손길,
그대 온기 식지 않았답니다

나를 잊지 말아요

내가 사는 마을 앞에 강물이 있고, 나는 하루에도 몇 번씩 강물을 건너다닙니다. 이별도 사랑도 다 사람이 하는 일이지요. 누구나 겪었을 사랑과 이별을 생각하며 강물을 건너다니며 쓴 시입니다.

속눈썹

산그늘 내려오고
창밖에 새가 울면
나는 파르르
속눈썹이 떨리고
두 눈에
그대가 가득
고여온답니다

그대는 언제, 왜, 이렇게 속눈썹이 파르르 떨리게, 그 누군가가 보고 싶나요.

우화등선

산벚꽃 흐드러진

저 산에 들어가 꼭꼭 숨어

한 살림 차려 미치게 살다가

푸르름 다 가고 빈 삭정이 되면

하얀 눈 되어

그 산 위에 흩날리고 싶었네

'우화등선'이란 말은, 사람의 몸에 날개가 돋아 하늘로 날아올라가 신선이 된다는 뜻입니다. 아름다운 말이지요. 어떨 때 우린 다 팽개치고 이렇게 살다가 꽃잎이 되어 흩어져 버리고 싶지요. 지금 내 삶을 그렇게 어디에다가 내팽개치고 그렇게 하고 싶을 때가 있지요.

매화

매화꽃이 피면
그대 오신다고 하기에
매화더러 피지 말라고 했어요
그냥, 지금처럼
피우려고만 하라구요

아주 간단한 시지요.

보고 싶은 마음을 더 미루어두고 싶어서, 더 견디어 그리움을 더 키우고 싶어서 쓴 시입니다.

그리운 꽃 편지

봄이어요
바라보는 곳마다 꽃은 피어나며 갈 데 없이 나를 가둡니다
숨 막혀요 내 몸 깊은 데까지 꽃빛이 파고들어 내 몸은 지금
떨려요 견디기 힘들어요
이러다가는 나도 몰래 나 혼자 쓸쓸히 꽃 피겠어요 싫어요
이런 날 나 혼자 꽃 피긴 죽어도 싫어요
꽃 지기 전에 올 수 없다면 고개 들어 잠시 먼 산 보셔요 꽃
피어나지요 꽃 보며 스치는 그 많은 생각 중에서 제 생각에
머무셔요 머무는 그곳, 그 순간에 내가 꽃 피겠어요 꽃들이
나를 가둬, 갈 수 없어 꽃그늘 아래 앉아 그리운 편지 씁니다
소식 주셔요

설명이 필요 없는 시지요. 그냥 한번 써본 편지입니다. 꽃이 나를 가두고 있다는 말에 무엇인가 있을 것 같지요. 그래서 그렇게 써 보았지요.

그러면

바람 부는 나무 아래 서서
오래오래 나무를 올려다봅니다
반짝이는 나뭇잎 부딪치는 소리,

그러면,
당신은 언제나 오나요?

내가 근무했던, 작은 초등학교 교실 창문 앞에 커다란 미루나무가 한 그루 있었습니다. 정말 큰 나무였습니다. 봄이 오면 그 커다란 미루나무 가지마다 엄청난 나뭇잎이 피어납니다. 나뭇잎은 점점 커져서 바람이 불면 서로 부딪쳐 소리가 납니다. 어느 날 그 나무를 올려다보는데, 정말 나뭇잎 부딪치는 소리가 들렸습니다. 수많은 나뭇잎들이 부딪쳐 나는 소리는 정말 그 어떤 음악 소리보다 아름다웠습니다. 그래서 써본 시입니다.

짧은 해

당신이
이 세상 어딘가에 있기에
세상은 아름답습니다

갈대가 하얗게 피고
바람 부는 강변에 서면
해는 짧고
당신이 그립습니다

지금 당신은 어디에 있나요. 어디에 있을 때, 무슨 일을 할 때. 어떤 때 그리운 사람이 생각나나요. 한번 써보세요.

나의 시

나는 내가 시를 쓰지 않았답니다.
달빛이, 바람 소리가 구름 없는 하늘을 지나갔지요.
오월이면 물무늬 피라미 새끼들이 노는 모래밭을 지나는 낮달을 보았지요.
눈이 부신 새잎들이 피어나 박수를 치며
새들을 부르면
연보라색 오동 꽃잎이 종을 치며 땅에 떨어졌지요.
푸른 오디가, 푸른 버찌가 내게 말합니다. 날 봐요. 나를 불러봐요.
지금 나는 이렇게 푸르지만, 곧 붉어졌다가 검게 익어 땅에 떨어질 거예요.
나는 바람 부는 뽕나무가 말해주는 말을 받아썼지요.
꾀꼬리가 이쪽 산에서 저쪽 산으로 강을 건너며 울면
깨를 열개 심으면 열개가 다 돋아나고
보리타작하는 도리깨 소리를 듣고
토란싹이 돋았지요.

마을에서는 맑은 샘물이 솟아났습니다.

샘에는 가재들이 살았지요.

가재들은 구정물을 일으키며 막힌 숨통을 뚫어주었습니다.

방으로 찾아든 달빛을 찍어 달빛 위에 시를 쓰면

달빛이 내 시를 가져갔습니다.

사람들이 뭉게구름으로 목을 축이고

마루에 누워

바람을 불렀지요.

깊은 강에서는 물고기떼가

구름 그림자처럼 서서히 방향을 틀며 놀았습니다.

해 지면 물고기들이 흐르는 강물을 차며 허공으로 뛰어올랐습니다.

물고기들이 그렇게 해 저문 강물 위에 시를 썼습니다.

나는 내가 시를 쓰지 않았습니다.

마른 흙 위를 걸어

열개의 발가락으로 선명한 발자국을 찍으며 강으로 갔지요.

발가락 사이로 비집고 나온 자운영꽃이 내게 말했습니다.

가지 말아요. 울지 말아요. 나는 떨려요. 나는 겁나요.

이슬비 한 방울이 마른 이마에 떨어지면

지금도 나는

목이 마르고

붉은 속눈썹이 파르르 떨립니다.

정리

창조의 힘은 어디에서 오는가?

·

지금까지 새로운 세상을 만들어가는 힘,
창조의 힘이 어디서 오는지 공부해 보았습니다.
지금까지 한 공부를 다시 한번 정리해 보도록 하겠습니다.

좋은 글, 그러니까 자기만의 글을 잘 쓰기 위해서는
먼저 우리 주위에 있는 사물에 관심을 가져야 한다고 했습니다.
그래서 어린이들에게 자기가 하루 중
가장 많이 보는 나무 한 그루를
자기 나무로 정하게 했습니다.

관심을 가져야
자세히 보게 되고,
자세히 보아야 그것이 무엇인지 알게 되기 때문입니다.
그것이 무엇인지 알아야 그것이 이해가 되겠지요.
이해되어야 그것이 내 것이 될 것입니다.

그것, 즉 아는 것이 내 것이 될 때
아는 것이 사람을 귀하게 가꾸는

인격이 된다고 했습니다.
나를 가꾸어가고 세상을 귀하고 소중하게 가꾸는
인격을 갖추어갈 때
이 세상에 모든 것들과 내가
관계를 맺을 수 있다는 것을 알았습니다.
관계의 관리가 세계관을 확장시키고 인격을 키워갈 것입니다.

관계를 맺으면 갈등이 일어납니다.
이해관계가 복잡해지지요.
이해관계를 합리적으로 해결하기 위해
사람들은 갈등을 조절하고 조정해서
서로 화해합니다.
조화로운 세상을 만들려고 노력하지요.

그러다 보면 생각이 일어나지요.
생각이 일어나 마음에 고이면
그 생각을 정리해서
밖으로 내보내게 됩니다.

생각을 정리하는 일을 사람들은 논리라고 하지요.

일상적인 삶 속에서 일어나는 모든 일들을
논리적으로 정리하는 일을
철학적인 삶의 태도라고 했습니다.

삶을 논리적으로 정리하는
철학적인 삶의 태도를 갖고 사는 사람은
우리가 사는 세상을 믿게 되는 근거에 대한
신념을 갖게 된다고 했습니다.

신념이란
우리가 살아왔던 세상과
우리가 살고 있는 세상을 자세히 들여다보고,
우리가 살아갈 세상을 믿는 것이라고 했습니다.
우리가 살아갈 세상을 믿는다는 말은
우리가 살아갈 세상을 우리 생각대로
새롭게 창조한다는 말이 되겠지요.

그 창조가 새로운 글이 되고,

새로운 그림이 되고,

새로운 과학이 되고,

새로운 철학이 되고,

새로운 집이 되고,

새로운 길이 되고,

새로운 정치 환경이 되고,

새로운 사회가 되고,

새로운 로봇이 되겠지요.

새로운 것에 대한

공감 능력을 키우고

더 나아가서 감동을 불러온다고 했습니다.

감동은 눈에 보이지는 않지만

느끼고 스며들어

내 생각과 행동을 바꾸게 해서

나를 바꾸고 세상을 바꾸기도 합니다.

정리

감동을 주는 것들은
살아 움직이는 생명력이 있습니다.
생명력이 있는 것들은 자연에 있습니다.

저기 서 있는 한 그루 나무, 흘러가는 강물,
파도치는 바다, 저녁노을로 시 쓰는 나뭇가지들,
그 나뭇가지를 흔들고 지나가는 바람,
잠자리 날개에 떨어지는 햇살 그리고 나비의 날갯짓…….
인간은 그 아름다운 자연 속에서
우리가 살아가는 힘을 빌려 오고 얻어 옵니다.

자연은 언제 보아도 완성되어 있고
언제 보아도 다릅니다.
자연은, 살아 있는 것들은 정면이 없습니다.
바라보는 쪽이 정면입니다.
자연은 경계가 없습니다.
자기에게 오는 것들을 다 받아들입니다.

자기에게 오는 것을
받아들이는 힘이 있을 때만
새로운 모습이 세상에 그려집니다.

세상 속에 내 모습을 그린다는 말은
내가 할 일을 알게 된다는 뜻일 것입니다.
사람의 할 일이란
나와 세상이 아름다운 조화를 이루어간다는 말이겠지요.

관심, 관계, 조화, 감동, 갈등, 정치, 혁신, 개혁,
창조, 사랑, 행복, 인격, 이해, 강, 산, 풀, 사람, 예술……
아니 세상의 모든 말들은 다
세상을 아름답게 가꾸려는 인간들 속에서 태어난 말입니다.
글이지요.

하얗게 내리는 눈을 받아들이고
우리에게 새로운 모습을 그려주고 있는
저기 눈밭에 소나무가 하는 말을 받아쓰는 글쓰기가

이 순간 여러분의 텅 빈 노트에서
한 줄의 문장으로 태어납니다.

그 문장이 내가 한 번도 상상해 보지 못했던
그 어떤 세상에 발을 딛게 할 것입니다.
혁신이란 끊임없는 착오들을 결론짓는 일입니다.
곧 정리지요. 정리는
아까와 다른 지금을 만들어줄 것입니다.
그리고 지루하고 고루한 일상을 벗어나
내일의 기대를 부풀게 하는 신나는 일상을 가져다줄 것입니다.

누구나 처음에는 길이 없었습니다.
내 인생의 길을 내가 냅니다.

글쓰기는 세계관의 확장이다.
내가 경험해 보지 못한 세계에 첫발을 내딛는 것이다.

마지막입니다.

지금 뭐든지 당신의 한 문장을 써보세요.

삶은 당신의 문장을 닮아간다

초판 1쇄 인쇄 2025년 7월 20일
초판 1쇄 발행 2025년 7월 25일

지은이 김용택

발행인 유영준
편집팀 권민지, 임찬규
마케팅 이운섭
디자인 [★]규
인쇄 두성P&L
발행처 오후의서재
출판신고 제2017-000130호(2017년 1월 11일)

주소 서울시 강남구 봉은사로16길 14, 나우빌딩 4층 쉐어원오피스 (우편번호 06124)
전화 (02)554-2948
팩스 (02)554-2949
홈페이지 www.wisemap.co.kr

ⓒ김용택, 2025
ISBN 979-11-981461-9-9 (03800)

- 이 책은 저작권법에 따라 보호받는 저작물이므로 무단 전재와 복제를 금합니다.
- '오후의서재'는 '와이즈맵'의 논픽션, 에세이 브랜드입니다.
- 와이즈맵은 독자 여러분의 소중한 원고와 출판 아이디어를 기다립니다. 출판을 희망하시는 분은 book@wisemap.co.kr로 원고 또는 아이디어를 보내주시기 바랍니다.
- 파손된 책은 구입하신 곳에서 교환해 드리며 책값은 뒤표지에 있습니다.